JN017951

Scale free Network

スケールフリーネットワーク

ものづくり日本だからできるDX

島田 太郎　尾原 和啓

日経BP

はじめに

加速するDXの波と偏った日本のDX議論

DX（デジタルトランスフォーメーション）という言葉が日々のニュースで飛び交っています。実際、押印を廃止する動きが政府から始まり、民間にも広がりを見せつつあります。日本は新型コロナウイルスをきっかけに、デジタル化が一気に加速しています。

業務システムのクラウド化やRPA（ロボティック・プロセス・オートメーション）をはじめとする業務自動化によるコスト削減などは確かに大事なことですが、これらは今あるものを改善していくデジタルシフトに過ぎません。グーグルやアマゾン・ドット・コム、フェイスブック、アップルなど、いわゆるGAFAと呼ばれている存在が起こしたゲームチェンジのように、非連続的で、かつ異質な変化をもたらすものではありません。トランスフォーメーションではないのです。

そんな思いもあり、DXを起こすための議論のきっかけになればと、2019年には2冊の書籍を出版しました。データをUX(ユーザー体験)領域に投資することでDXを促す『アフターデジタル』(日経BP)、そして研究のオープン化やAI(人工知能)の発達によって非連続な変化が起きていることを記した『Deep Tech』です。

ただ、こうした書籍を通じても、グーグルやフェイスブック、そしてドイツの「インダストリー4・0」で起きたDXを説明することができない。そんなもやもやを抱えながら、様々な方と議論を重ねている中で、「それはこういうことなんですよ」と朗らかに、かつ、ばさっと構造化してくださったのが、本書主著者であり、東芝の最高デジタル責任者・島田太郎さんが語る「スケールフリーネットワーク」でした。それは東京大学でAI研究を進める松尾豊教授、『世界標準の経営理論』の著者である早稲田大学ビジネススクールの入山章栄教授も注目されている理論。

島田さんが実際に東芝で進めている打ち手は非常に実践的で、かつ多くの日本企業に応用できるものでした。

DXを起こすだけでなく、DXが起きる場を布置する

日本ではあまり語られないDXの全体像を知る上で役立つ、一つの事例を挙げたいと思います。

DXの成功事例として、世界でよく知られているのがシンガポールの銀行最大手DBSグループ・ホールディングスです。同銀行は2009年からDXへの取り組みを始め、金融専門情報誌『ユーロマネー』が世界で最も優れたデジタル銀行を表彰する「World's Best Digital Bank」を2016年と2018年の2度にわたって獲得。スイスのローザンヌに拠点を置く世界でもトップクラスのビジネススクール「国際経営開発研究所（略称：IMD）」では、ケーススタディーとして取り上げられるまでになっています。

ＤＢＳのＣＥＯ（最高経営責任者）を務めるピュシュ・グプタ氏は、３つの宣言でＤＸを実施しました。

1・Become digital to the core.（芯までデジタルに変革する）
2・Embed ourselves in the customer journey.（自らをカスタマージャーニーへ組み込む）
3・Create a 22,000 start-up.（従業員２・２万人をスタートアップへと変革する）

この３つの宣言は非常に秀逸です。

1において、まず前提条件としてＤＸを起こせる土台を作る。２において自社の都合ではなく、産業全体が変革する先のお客さんが必要とする生活の流れ、カスタマージャーニーの中に必須のものとして組み込むことで、顧客志向でＤＸの拠点を作る。３において、社内をスタートアップ体質へと変えることでＤＸが頻発していく場を作る。

つまり、DXを起こすだけではなく、DXが起きる場も布置していくことが重要なのです。日本においては、1は必須のものとして実施が進む段階に入り、2の議論も『アフターデジタル』をきっかけの一つとして浸透してきました。しかし、3のDXが起きる場の布置が日本のDXにおいて抜けがちな論点なのです。

オープンイノベーション、APIエコノミーだけでは足りないDXが起きる場の布置

DXが起きる場として、日本ではオープンイノベーションやAPI（アプリケーション・プログラミング・インターフェース）開放が様々な業界、企業で進み始めているじゃないかという指摘をされる方もいらっしゃるかもしれません。確かに、大企業がスタートアップとの協業に乗り出す動きは以前より増えましたし、金融業界では銀行によるオープンAPIの導入が進みました。しかし、一方でそれらをやっても、なかなか動き出さないという悩み相談を数多く受けてきたのも事実です。

このDXが起きる場の一つの大きな解こそ、島田さんが仕掛ける「スケールフリーネットワーク」なのです。イノベーションとは、シュンペーターの言葉を借りるなら「新結合」、遠くにあるもの同士がつながることで起きる異質な変化です。DXが起きる場とは、遠くにあるもの同士が自発的につながる場でなくてはなりません。

「スケールフリーネットワーク」の生成という島田さんの視点を通して見ると、グーグルやフェイスブックがなぜ設立後に何年もマネタイズをせずにネットワーク構築にいそしんできたのか、ドイツのインダストリー4・0がなぜ成功したのかが見えてきます。

ITの戦いは二回戦へ、注目される日本のポテンシャル

しかし、「ネットワークはもうGAFAなど巨大IT企業に押さえられているのでは？」という疑問もふと湧くことでしょう。いいえ、これからインターネット業界

は二回戦へと移ります。

今まではネットの中での戦いが繰り広げられてきましたが、これからはリアルをネットが変革していきます。こちらの方がずっと巨大な市場であり、しかもリアルを緻密に整備してきている点において、日本には大きなポテンシャルがあるのです。

では、このリアルがネットによって変革していく二回戦において、どうやってDXが起きる場を布置していくのか。本書ではそれをひも解いていきたいと思います。

そして、本書を通して、日本の企業、特に産業に深く根ざした中小企業の方にこそチャンスがあるのだと感じていただき、広大なネットの二回戦をご一緒に謳歌できれば幸いです。

２０２０年12月　尾原和啓

Chapter 1

Chapter 2

Chapter

6

Chapter

1

日本企業は「DX」にどう立ち向かえばいいのか

日本に残された「大逆転のチャンス」

今、あらゆる企業が「DX（デジタルトランスフォーメーション）」に直面しています。ネットワークで世界中がつながり、誰もがスマートフォンを持つ時代。インターネットを使えば地球の裏側にある商品だってその場で注文できてしまいます。各社がそんな時代に合わせた新しいビジネスモデルを構築していかなければ、いずれ取り残されてしまうでしょう。

しかし、日本のDX事情は散々です。新型コロナの発生に際し、国民に一律10万円を給付する特別定額給付金のオンライン申請でトラブルが多発したことは皆さんの記憶にも新しいでしょう。日本では2001年にIT基本法が施行されてから行政のデジタル化を進めてきましたが、20年近く経った今も、他国では容易に実現できることができないというのが実情です。

多額の税金を投入してきたにもかかわらず、DXを実現できなかったことに対し、2020年9月に発足した菅義偉内閣でデジタル改革担当に任命された平井卓也大臣は「デジタル敗戦」という言葉を用いて仕切り直しを始めています。行政、民間企業ともに圧倒的に周回遅れになっていると感じているのは、なにも私だけではないでしょう。

私（島田）は2018年まで在籍した独シーメンスで、さまざまな企業のDXを見てきました。特に2014年からは独本社のデジタルファクトリー担当として、インダストリー4・0を推進する中心メンバーとともに働き、彼らがDXを推進する現場を間近で見てきました。

帰国後は、その経験を日本の関係省庁や企業などでお話しすることが多く、日本企業が置かれている状況や将来の展望について多くの方々と意見交換する機会にも恵まれました。

そんな中で、少しずつ私なりに日本が今後採るべき戦略についてのアイデアが芽生え、仮説となって膨らんでいきました。日本にはこれまで築き上げてきた独自の強みがあるのではないか。そして、デジタル技術と組み合わせることで、その強みを最大限に生かすことができるのではないか。

■世界経済を席巻するGAFA

GAFA（グーグル、アマゾン・ドット・コム、フェイスブック、アップル）はサイバーの世界を支配し、圧倒的な価値を生み出している

２０１８年、思わぬご縁で、ＣＤＯ（最高デジタル責任者）として東芝に入社することになりました。私のミッションは、もちろん東芝のＤＸです。東芝に入り、東芝という会社を知れば知るほど、私の中で膨らんでいた仮説は確信へと変わっていきました。その内容をまとめたのが本書です。

世界経済を見ると、圧倒的に大きな価値を生み出しているのは米国のＧＡＦＡ（グーグル、アマゾン・ドット・コム、フェイスブック、アップル）や、中国のＢＡＴ（バイドゥ、アリババ、テンセント）。その共通点はデジタル技術を活用し、巨大なネットワークと膨大なデータを使って価値を生み出していることです。彼らの規模、そして洗練されたビジネスモデルに真正面から対抗できる日本企業は1社もないと言えます。

では、日本はもう手遅れなのでしょうか。いえ、決してそんなことはないのです。それどころか、私が見るところ、日本には「最初で最後の大逆転のチャンス」が残されています。それは、現在のGAFAの勢いさえもはるかに上回るほどの、巨大なチャンスです。そして、このチャンスをものにできるかどうかは、これからの私たちの考え方と行動にかかっています。

このチャンスをつかむためのカギとなるのが、本書のタイトルでもある「スケールフリーネットワーク」。日本が今日まで培ってきた「ものづくり」の資産と「スケールフリーネットワーク」を組み合わせれば、GAFAに代わって、新たに世界の覇権を握ることも決して夢物語ではないと考えています。

「そんなうまい話が本当にあるのか」と疑う方もいるかもしれません。ですが、私は「日本は大逆転できる」と固く信じています。だからこそ2018年にシーメンスを辞め、東芝に飛び込むことにしたのです。

入社後、社内を見て回り、私は心底驚きました。そこにあったのは磨き抜かれたものづくりのワザや、世界最先端の技術のタネ、そして海外でもなかなか見つからないような優秀な人材といった、まさに「宝の山」でした。そしてこのとき、私の考えは確信に変わりました。日本の技術や人材が衰退したわけではないのです。新しいデジタルの時代に、その生かし方に気づいていないだけに見えました。その方法さえ分かれば、日本は必ず大逆転できるはず。

では、この大逆転のチャンスを生かすためにはどうすればいいのでしょうか。そのカギとなる「スケールフリーネットワーク」とは一体何でしょうか。本書では、それを具体的に説明していきます。まずは、前提となる「ＤＸ」について見ていきましょう。

コロナ禍が「デジタル化」を加速する

２０２０年に世界を襲った新型コロナウイルスは、私たちの生活を大きく変えました。当たり前だと思っていた満員電車がぱったりとなくなり、在宅勤務が一気に普及しました。出張の代わりにリモート会議で済ませるようになり、ズーム・ビデオ・コミュニケーションズの「Zoom（ズーム）」やマイクロソフトの「Teams（チームズ）」などのツールが市民権を得ました。コロナ以前と以後で、ライフスタイルが大きく変わったのは誰もが認めるところでしょう。

今後、コロナ禍がどういう道をたどるのかは、誰も予想できません。米国ではワクチンの製造が始まっていますが、やがて治療法が確立し、人類はこのウイルスと緩やかに付き合っていくことになるのでしょう。では、コロナ禍は一体何を変えたのでしょうか。

例えば、100年という長期スパンで考えてみましょう。新型コロナウイルスが感染拡大したことで、100年後の未来はこれまで想像されていた世界とはまるで異なる世界になるのでしょうか。私は100年というスパンで見れば、そこまで大きな違いがあるとは思っていません。なぜなら、コロナ禍は今後永久に続く「トレンド」ではなく、一過性の「イベント」に過ぎないからです。

■コロナ禍で知名度を高めたズーム

世界的に外出や移動が制限される中、「Zoom（ズーム）」や「Teams（チームズ）」といったオンラインビデオ会議ツールが急速に普及した

出所：Zoom提供

歴史を振り返ってみると、人類は過去にもスペイン風邪やペストなど、大規模な伝染病を経験し、克服してきました。けっして今回が初めての経験ではないのです。

過去のパンデミックと比べれば、今回のコロナ禍のインパクトはそこまで大きいものではありません。いずれ、コロナ禍は去り、日常生活が戻ることでしょう。

確かにコロナ禍により、人々は通勤する代わりに自宅からリモートワークするようになりましたし、人が集まる繁華街に行く代わりにオンラ

■真に注目すべきは「トレンド」

コロナ禍は確かに大きなインパクトがあったが、いずれは終息していく。長期的にものを見るには、世の中の大きな流れ、「トレンド」に注目したい

インで買い物する機会が増えました。人と直接会う代わりに、ビジネスカンファレンスから親しい友だちとの「飲み会」まで、オンラインで参加することは珍しくなくなっています。しかし、こういったデジタルテクノロジーの活用は、コロナ禍がなくてもいずれ進んでいたはずなのです。

私たちが真に注目すべきは、世の中の流れ、つまり「トレンド」のほうです。例えば、グローバル化、都市化、高齢化、環境破壊、デジタル化などは大きなトレンドであり、この流れは止められません。今回のコロナ禍は、その中のいくつかのトレンドを大きく加速し、急速な変化を促しました。中でも特に大きな影響を受け、一気に加速したのが「デジタル化」です。

「ネットワーク」が人類を特別な存在にした

ここでデジタル化について考えてみましょう。デジタルと聞くと、拒否感がある方もいるかもしれませんが、デジタルの世界はまったく新しい別世界というわけではありません。デジタル上にあるのは、あくまで私たちの世界の情報です。つまり、デジタルには人間の本性が投影されているとも言えます。

では人間の本性とは何でしょうか。ユヴァル・ノア・ハラリ氏のベストセラー『サピエンス全史』（河出書房新社）では、人間と、ほかの生物の運命を分けた違いについて説いています。それが認知革命です。約7万年前、我々サピエンスは新しい思考方法とコミュニケーション手段を獲得し、集団を形成できるようになりました。

同書によると、典型的なチンパンジーの群れの上限は、およそ50頭。群れの個体数が増えるにつれて秩序が不安定になり、群れは分裂します。つまり、50頭以上のネットワークが形成されないのです。コミュニケーション手段を持つ生物は人間以外にも多数確認されていますが、人間以外の生物はすべて同様です。

一方、ほかの生物よりもはるかに柔軟なコミュニケーション手段を獲得した人間は、50人を超えた大きな組織を形成できるようになりました。そこで重要な役割を果たしたのが「うわさ話」です。誰が信頼できるのか、誰が何をしているのかという情報を集団で共有することで、人間の集団は50人を超えて拡張し、より緊密な協力関係を持つ組織を作れるようになりました。

うわさ話でまとまっている「自然な」集団のサイズは150人が限度だ、とハラリは言います。それより大きな集団になるとお互いの顔と名前が一致しなくなり、うわさ話が機能しなくなるのです。

では人類はどうやってそれ以上の集団を形成できるようになったのか。重要な役割を果たしたのが「虚構」です。法律や正義、お金といった「虚構の物語」を信じることにより、人類は社会を築き、互いに見知らぬ大勢の人々が協力できるようになったのです。

歴史を振り返ると、古代ローマの争いを見ても、中国の赤壁の戦いを見ても、何万人、何十万人という人間が集まり、同じ目的のもとで力を合わせて戦っています。これこそ他の生物にはできない、人類だけが獲得した能力です。

巨大なネットワークを作り、目的を共有する共同体として動けることこそ、ほかの生き物にない人間の特徴です。ネットワークの力によって地球上で王者として君臨するようになりました。そして、そのネットワークの威力を強化してきたのが、テクノロジーです。

人間にとって、最も基本的なコミュニケーションの手段は、会話です。人類は長らく、直接言葉を交わすことで意見を交換し、共同体を運営してきました。

やがて文字が誕生すると、人間は距離や時間を超えたコミュニケーションが可能になり、約600年前にグーテンベルクが活版印刷技術を考案したことで情報の流通量は飛躍的に増えました。

約150年前の電話の登場でコミュニケーションのスピードは格段に上がり、約

■グーテンベルグ聖書

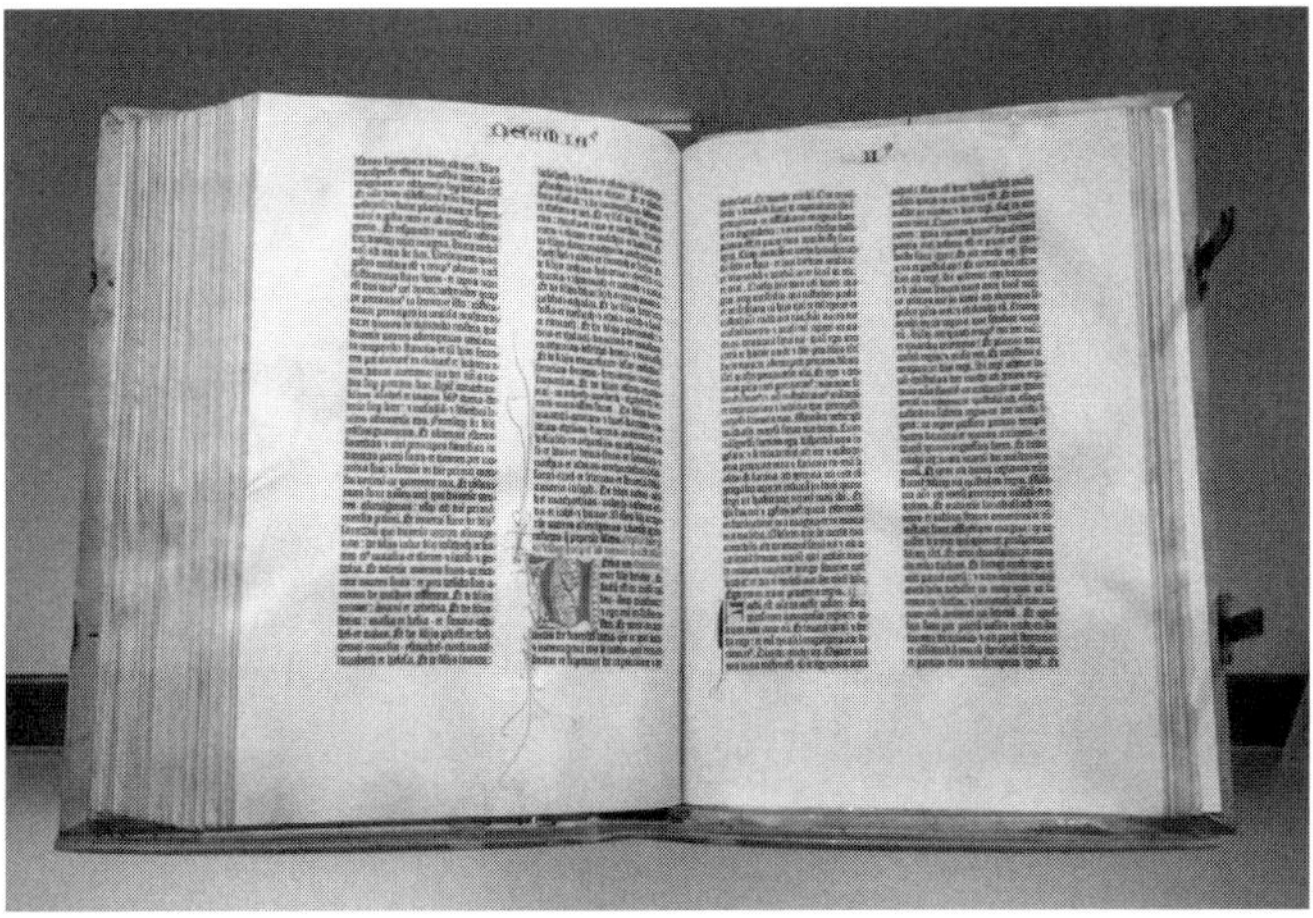

アメリカ議会図書館に展示されているグーテンベルグ42行聖書。1455年に印刷が開始され、世界で48部しか現存していない

30年前にインターネットが本格的に普及を始めると、ついに世界中の人々が瞬時につながれるようになりました。

デジタル化がネットワークを強化する

それでも、ネットワーク化は止まりません。SNS（ソーシャルネットワークサービス）によって「人と人」をつないだデジタルネットワークは、いよいよ「人とモノ」をもつなごうとしています。

昨今、日本でも開始された次世代の通信規格「5G」は単に通信速度が高速化されただけではありません。遅延が起きにくく、かつ、多数の機器を同時に接続できるようになります。そのため、IoTがより一段と進むことが期待されています。人とモノをつなぐ技術も整いつつあります。

ネットワークを、物理的な限界を超えて劇的に加速し、強化する。それがデジタル化の本質と言えます。

SNSの限界と、これからのデジタルネットワーク

ツイッターやフェイスブックをはじめとするSNSは、人間社会のネットワークをデジタル上で再現したからこそ、あっという間にスケールし、世界中に普及しました。人間関係を可視化し、デジタル上に再構築したわけです。

しかし、そんなSNSにも限界は当然あります。SNSを利用している人は、自分がつながっている人を思い返してみてください。そこに両親や子どもたち、家族

はいるでしょうか。あるいは、自分の人間関係をすべて反映していると言えるでしょうか。

SNSはあくまでサイバー上でネットワークが完結するもの。現実の情報が足りておらず、不自然なネットワークになってしまいます。身の回りにあるモノや環境といったフィジカル（現実世界）の情報をつなぐことで、ネットワークはより自然な形になるのです。

私たちの身の回りの情報のうち、サイバー上にある情報はごくわずかです。それは、サイバーの世界につながるためにはパソコンやスマートフォンといった端末が必要だったからです。ところが、IoTの本格普及によって、これからあらゆるフィジカルのモノがインターネットにつながる時代がやってきます。そうなれば、現在とは比べものにならないほど多くの現実世界の情報がサイバーの世界に流入し、ネットワークを形作るでしょう。

あらゆるフィジカルのモノがサイバーの世界とつながる、サイバーフィジカルの世界になったときに日本企業はどう戦っていけばいいのか。それが本書の主題です。

すべての企業が直面する「DX」の進め方

まず、日本企業の強みを振り返ってみましょう。日本企業はこれまで、既に世の中にあるものを「カイゼン」して売ることを得意としてきました。製品やサービスの良いところを踏襲して「失敗を減らす」ことで、大きな成功を収めました。その結果、日本には世界でも最高峰と言えるものづくりの技術がたくさん蓄積されています。

ところが、デジタルテクノロジーによって世の中が大きく変わると、そんな日本のお家芸とも言えるモデルは通用しなくなってきました。一つの技術を極限まで磨き抜いて高品質な製品を量産する日本のやり方は、時代の変化のスピードに間に合わないのです。

ではものづくり日本の技術は、捨てるしかないのか。そうではありません。これから、日本の高い技術や蓄積された経験は再び強みとなる時代が来ます。ただし、以前と同じやり方ではダメです。デジタル技術やインターネットを組み合わせた、新しいビジネスモデルを構築することが必要になります。それが、日本企業にとっての「DX」となるのです。

DXの誤解

そもそも、巷で盛んに叫ばれている「DX」とは何でしょうか。実は、そこを誤解している企業も少なくありません。

ハンコを廃止して電子承認にしたり、会議をオンライン化したり、リモートワークを推進したりと、様々な形でデジタル活用に取り組んでいる企業もたくさんあると思います。でも、これらはOA（オフィス・オートメーション）化やIT化の範疇《ちゅう》に入る話で、本当の意味でのDXとは呼べません。

DXは「デジタルトランスフォーメーション」の略語です。単に既存の業務をデジタルに置き換えるのではなく、ビジネスをデジタル技術によってトランスフォーメーション（変革、変容）していくのが本来のDX。往々にして既存のビジネスや方法論を破壊するため、DXは痛みを伴うことも多くあります。

しかし、今後あらゆるものがネットワーク化してつながっていく社会の中では、変革を拒み続けていては生き残ることはできません。DXから逃れられる企業は1社もなく、あらゆる企業が何らかの形で「やるしかない」状況に追い込まれるはずです。これを自分ごととして捉えている企業は、まだまだ多くないと言えるでしょう。

DXのための「場」を用意する

製造業の現場では「モノからコトへ」というスローガンが盛んに叫ばれています。これは、単にモノを製造して販売するのではなく、そのモノがもたらすコトをサービスとして販売していきましょうという考え方です。

しかし、私はこの「モノからコトへ」に懐疑的です。「コト」を売るということは、顧客のニーズにあったサービスを提供側が構築し、ソリューションを提示するということ。でも、顧客が何を必要としているか知っているのは、顧客自身です。提供側がいくら一生懸命ニーズを聞き取り、それに応じたソリューションを提供したとしても、限界はあります。

では、どうすればよいのでしょうか。「コト」を提供するのではなく、コトが起こる「場」を提供しよう、というのが私の意見です。

具体的には、製品にかかわる技術をできるだけオープンにし、他社の製品やサービスが自由に接続できるようにするのです。すると、ユーザーが自分のニーズに合わせて自発的に様々な製品をつなぎ始め、ネットワークが育ち始めます。

このネットワークが育ったときに生まれるのが、本書の主題である「スケールフリーネットワーク」です。次章以降で見ていくように、スケールフリーネットワークは、非常に大きな爆発力を秘めており、インターネットの世界で巨大な価値を生み出してきました。そして私は、このスケールフリーネットワークこそが、製造業にとどまらず、今後あらゆるビジネスにとって欠かせないものになると考えています。

Chapter

2

スケールフリーネットワークの爆発力

スケールフリーネットワークはなぜ必要か

なぜDXを起こすためにスケールフリーネットワークが必要なのか。順を追って説明します。まず前提となるのが「未来は予測できない」ということです。

未来は決まっているのか、我々はそれを正確に予測できるのか。これは人類が昔から追及してきた問題です。

「この世の中のすべてのモノの状態を知ることができ、それを分析する能力を持つ知性があれば、未来は正確に予測できる」と考えたのは、18世紀のフランスの数学者、ピエール＝シモン・ラプラス。科学の発達により、さまざまな現象のルールやメカニズムが解明されつつあった時代のことでした。このまま科学が発展し続け、いずれ自然界の法則がすべて分かれば、世界で起こるすべての事象を予測できるようになるはずだ、とラプラスは考えました。未来を予測する人間を超越した知性は「ラプラスの悪魔」と呼ばれ、この考え方は当時広く信じられていました。

ところが20世紀初頭、量子力学が生まれると、状況が変わります。不確定性原理

ピエール=シモン・ラプラス

18世紀後半から19世紀にかけて活躍したフランスの数学者、物理学者。この宇宙にあるすべての原子の状態が分かれば、原理的には未来をすべて計算で導き出せると考えた

によって、原子の位置と運動量を同時に観測することはできないことが明らかになったのです。いくらラプラスの悪魔のような超越的な知性ができたとしても、世界の状態を正確に把握することは原理的に不可能なのです。

さらに1960年、米国の気象学者、エドワード・ローレンツが従来の常識を覆すような発見をしました。ローレンツは当時登場したばかりのコンピューターを使って、気象予測を試みていました。コンピューターの処理能力がまだまだ低かった時代、ローレンツは気象に影響を与える数多くの変数の中から、わずか3

■ローレンツ方程式（左）とローレンツ・アトラクタ（右）

$$\frac{dx}{dt} = -px + py$$

$$\frac{dy}{dt} = -xz + rx - y$$

$$\frac{dz}{dt} = xy - bz$$

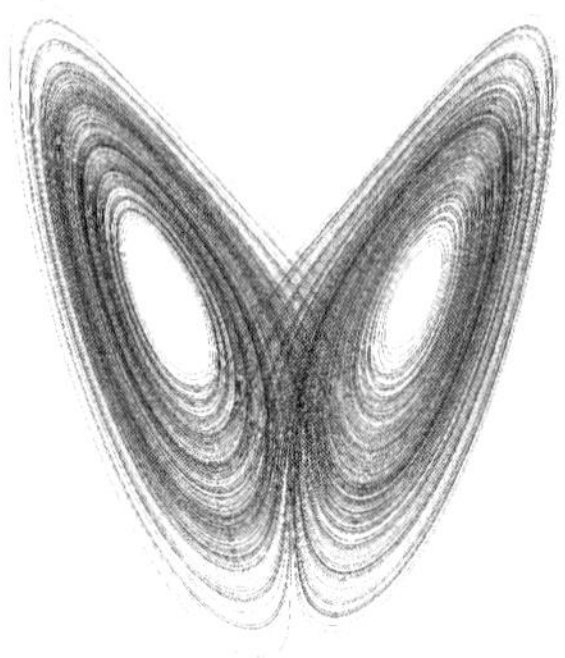

気象学者のローレンツは、わずか3つの変数しかないシンプルな方程式でさえ、初期値の微少な違いによって大きく異なる結果が出ることを発見。未来が予測不可能であることを示した

つだけを取り入れた簡易な計算モデルを作り、シミュレーションを行いました。変数に少しずつ違う数値を代入してグラフ化すると、驚くべき結果が現れました。たった３つしか変数がないシンプルな方程式なのに、ほんのわずか数値を変えるだけで、計算結果がまったく違う値となったのです。計算結果をグラフ化した複雑な図形は、後に「ローレンツ・アトラクタ」と呼ばれ、カオス現象のひとつとしてよく知られることになります。

　ローレンツは、初期値のほんのわずかな違いが大きな結果の違いにつながることを発見しました。変数がわずか３つしかない単純な方程式ですら結果を予測できないのに、無数に変数が存在する現実世界の予測ができるわけがありません。ローレンツはこのことを、「ブラジルで1匹の蝶が羽ばたくとテキサスで竜巻が起こる」という劇的な言葉で説明しました。これがいわゆる「バタフライ効果」です。

樹形図という考え方の限界

このように世の中は予測不可能なカオスの世界ですが、人間は複雑な状況に対応するのが苦手なので、つい分類したがる性質があります。

例えば世の中の企業組織に目を向けてみましょう。ほとんどの組織は、社長をトップとした樹形図型の組織構造になっています。ところが現実の世の中はこのように整然と構造化されていません。このため、組織というのは、できたときから古くなっていきます。そして、現実に合わせて組織を変えていかないと、すぐに現実にそぐわなくなってしまいます。

■典型的な組織図のイメージ

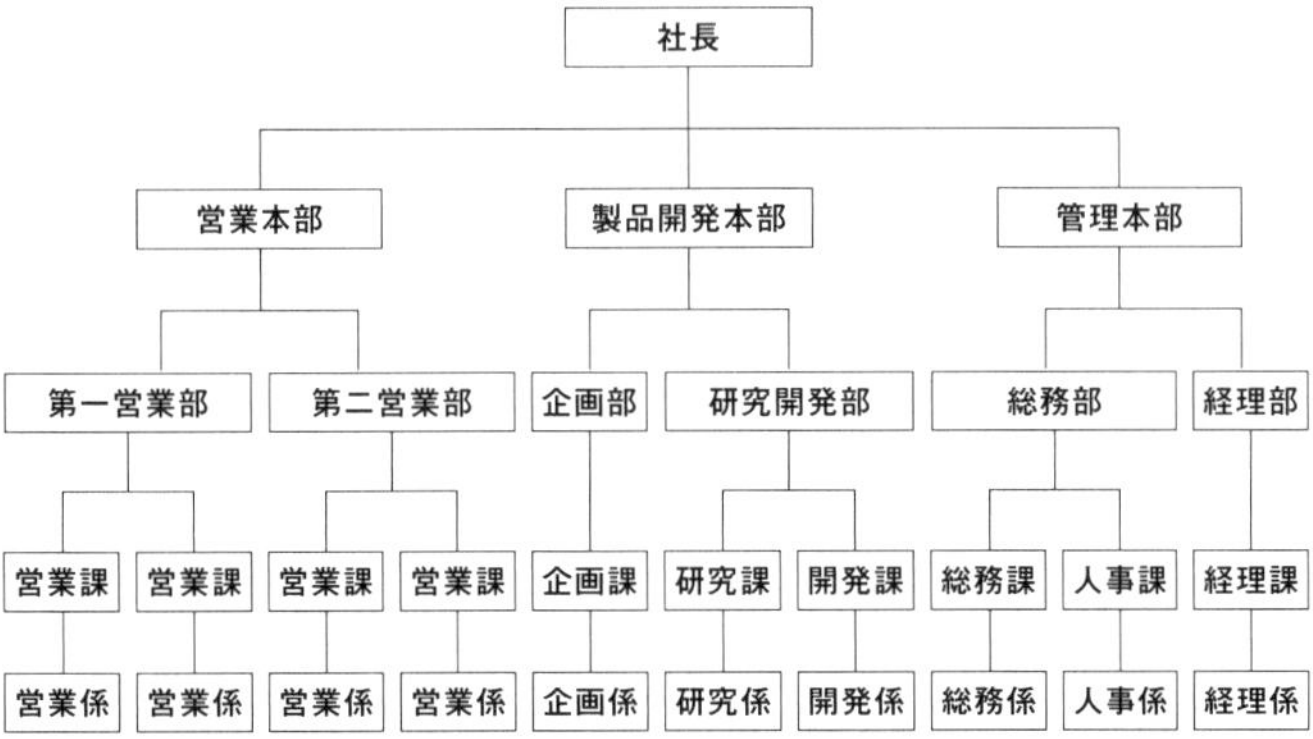

ほとんどの組織は社長をトップとして、役割ごとに分かれる樹形図型になっている。いわゆる縦割り型の構造だ

　生物進化の系統樹も樹形図として描かれます。この系統樹を見ると、ひとつの原始的な生物からさまざまな種が枝分かれし、現在の多様な生物群を形作っているように見えるでしょう。ところが、実際は生物はこのように整然と進化してきたわけではありません。新たな生物が生まれては淘汰され、その中で環境に偶然適応したごく一部の生物だけが生き残りました。現在の生物の多様性は、生きのびられなかった多くの種がいたからこそできあがったものなのです。

　このように、未来は予測不可能で、整然と分類することもできません。これは

■ヘッケルの系統樹

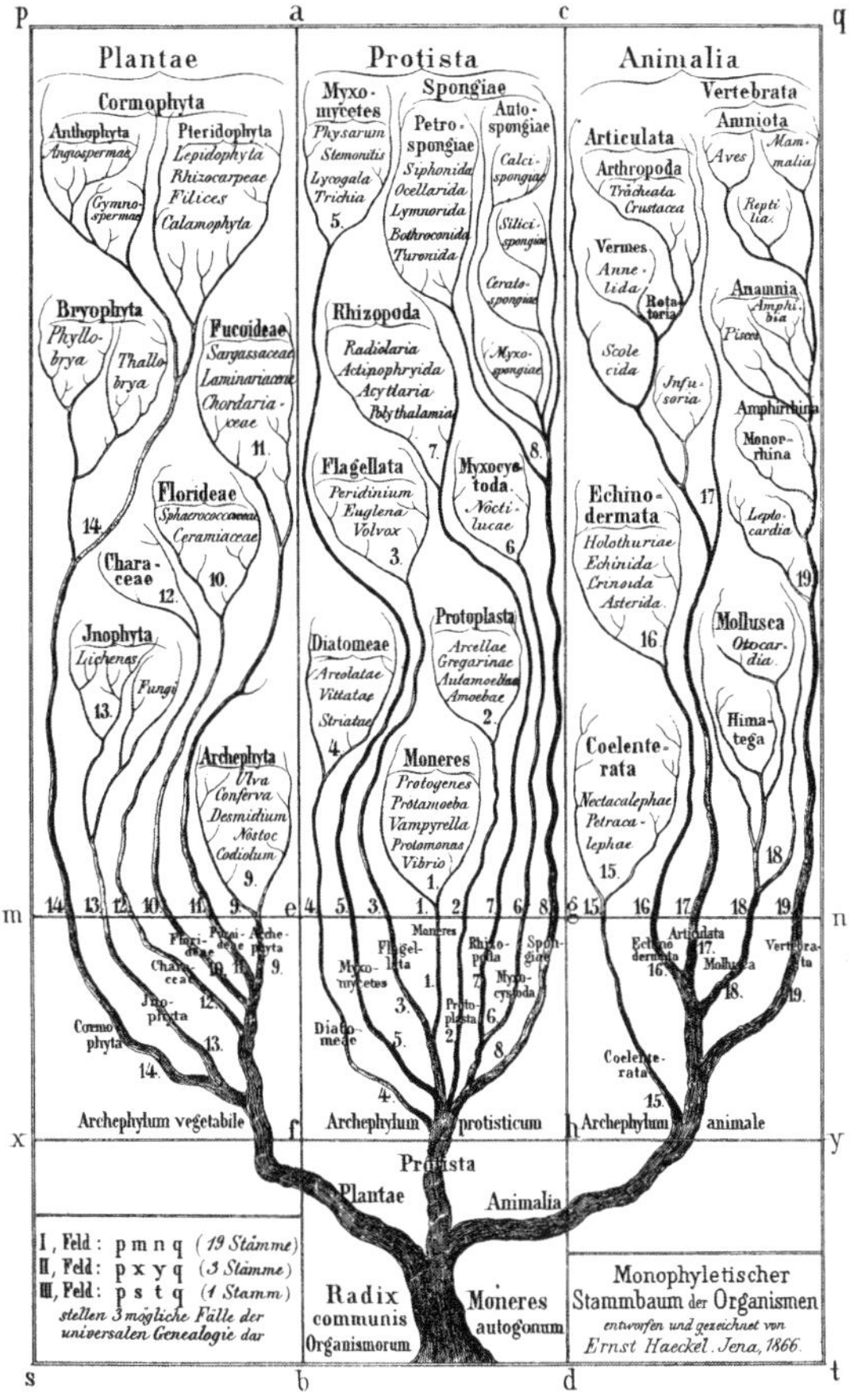

19世紀のドイツの生物学者、エルンスト・ヘッケルが、英国のチャールズ・ダーウィンの進化論に基づいて描いた系統樹

ビジネス環境も同じです。

特にインターネットの登場とデジタル化により、ビジネス環境の変化スピードは加速しており、ますます正確な予測が難しくなっています。10年、20年の精密な長期計画を作ったとしても、あっという間に前提条件が崩れて通用しなくなるかもしれません。

では、私たちはそんな世の中で、一体どのように行動すれば良いのでしょうか。事業計画を作るのは諦めた方がいいのでしょうか。そんな問題を解決するヒントが、20世紀の終わりに見つかりました。それがスケールフリーネットワークです。

スケールフリーネットワークの発見

「スケールフリーネットワーク」とは一体何か。その発見は約20年前にさかのぼります。

1998年、ネットワークの研究をしていた米ノートルダム大学（当時）のアルバート＝ラズロ・バラバシ教授らは、ウェブの地図を作ることにしました。ウェブページの作者は自分のページの内容に応じて好きなほかのページにリンクを貼り、巨大なネットワークを形作っています。そのリンク構造を調べれば、ネットワークの研究に役立つと考えたのです。

バラバシ教授は当初、ウェブページのネットワークの形は「ランダムネットワーク」になると予想していました。ランダムネットワークとはこの研究からさかのぼること40年、1959年にハンガリー出身の天才数学者のポール・エルデシュと共同研究者のアルフレッド・レーニイによって提唱されたネットワークの構造のことです。

その名の通り、ネットワークの構成要素（ノードと呼ぶ）をランダムに接続することで形作られます。大多数のノードが持つ、つながり（リンクと呼ぶ）の数がほぼ同じ範囲に収まるのが特徴です。ウェブのネットワークはページの作者が自分の興味に従って自由に（つまりランダムに）リンクを貼るわけですから、当然ランダムネットワークができあがるはずだ、とバラバシ教授は予測しました。

ところが、研究チームが独自開発したソフトウエアを使ってウェブページとリンクを読み込んでいくと、まったく違うウェブの姿が浮かび上がってきました。ほんの一握りのウェブページに、膨大な数のリンクが集中していたのです。

当時の研究によると、調査したウェブページの80％以上は、リンク数がわずか4未満でした。一方、0・01％にも満たないごく一部のページに1000以上のリンクが集中していたのです（日経サイエンス2003年9月号「世界の〝なぜ〟を読み解くスケールフリーネットワーク」）。そこには、これまでに研究されてこなかった、まったく新しいネットワークの姿がありました。

ランダムネットワークには、平均的なノードはこのくらいのリンク数を持つという「スケール（尺度）」があります。ところが、この新しいネットワークには、特徴的なスケールも平均的なノードも存在しません。調査対象のウェブサイトが1000個でも1万個でも1億個でも、リンク数のグラフは同じ形を描くのです。そこでバラバシ教授は、このネットワークを「スケールフリー（尺度がない）ネットワーク」と呼ぶことにしました。

■スケールフリーネットワークは「べき乗則」

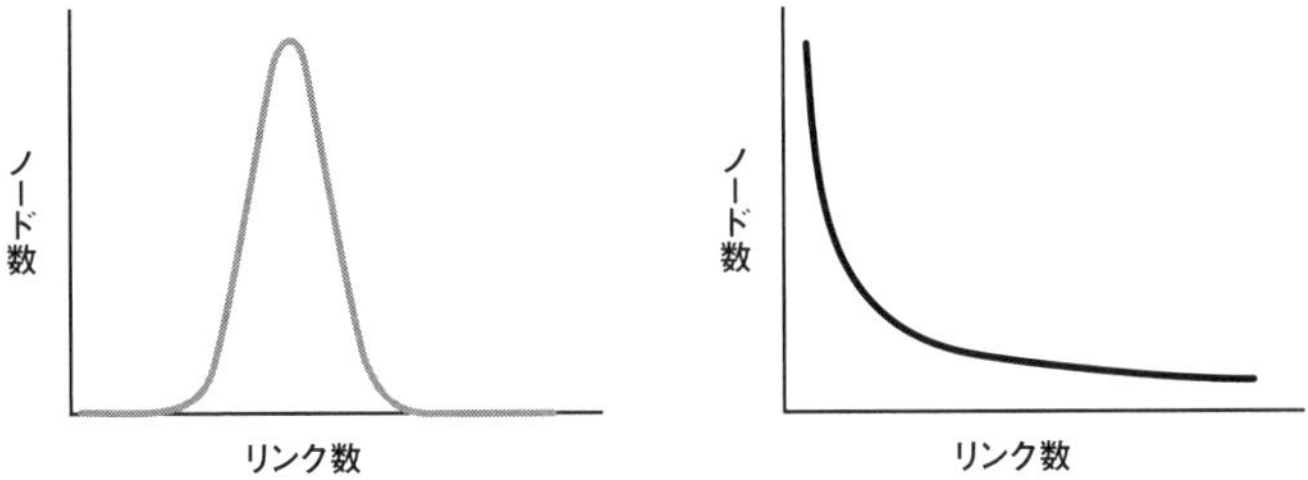

ランダムネットワーク

ランダムネットワークでは、ひとつのノードが持つリンク数の分布をグラフにすると、釣り鐘型となる。グラフの頂点にあるノードが、平均的なノードとなる

スケールフリーネットワーク

スケールフリーネットワークでは、大多数のノードがごくわずかなリンクしか持たない（グラフの左側）一方で、膨大なリンクを持つハブと呼ばれるノードが存在する

ランダムネットワークでは、各構成要素のつながりの数は一定の範囲に収まり、グラフにするといわゆる「釣り鐘型」の分布になります。ところが、スケールフリーネットワークのグラフは、大部分のノードが少数のリンクしか持たない一方で、ごく一部のノード（ハブと呼ぶ）に膨大なリンクが集中する「べき乗則」です。つまり、スケールフリーネットワークは各ノード間に極端な「格差」が存在する不平等な世界であると言えます。

そんなスケールフリーネットワークの特徴は、ランダムネットワークと比べるとよく分かります。バラバシ教授は、ス

■スケールフリーネットワークにはハブがある

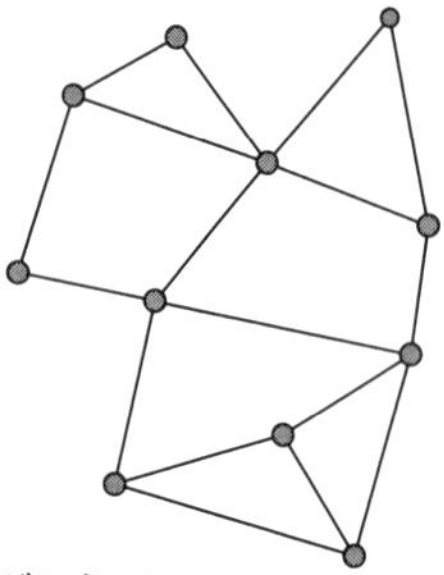

ランダムネットワーク

バラバシはランダムネットワークを、都市間をつなぐ高速道路網に例える。大部分のノードはリンクの数がほぼ同じ範囲に収まる

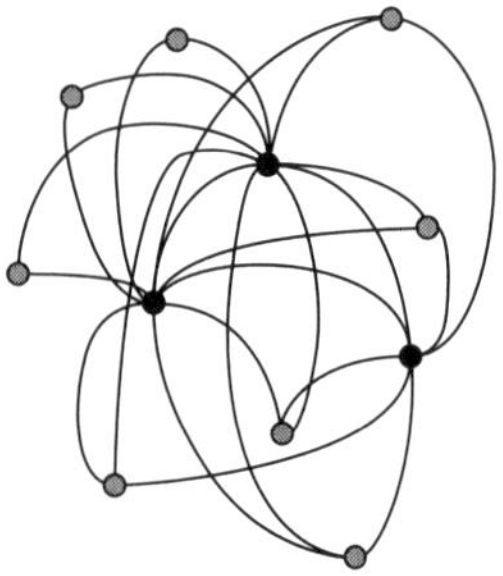

スケールフリーネットワーク

スケールフリーネットワークは航空網に似ている。大部分の空港は数少ない路線しか持た一方で、膨大な路線が発着するハブ空港が存在する

ケールフリーネットワークについて記した著書『新ネットワーク思考～世界のしくみを読み解く～』（アルバート＝ラズロ・バラバシ著、NHK出版）で、2つのネットワークの違いを交通網に喩えています。

ランダムネットワークの構造は、いわば都市と高速道路のネットワーク。各都市にはほぼ同数の高速道路がつながっており、そこにはほかの都市の何十倍、何百倍のつながりを持つ都市は存在しません。

それに対し、スケールフリーネットワークは航空網に似ています。つまり、多数の小さな空港が、少数の巨大ハブ空港によって接続されている構造です。そして多数の路線が集まるハブ空港は利便性が高いので、さらに多くの路線を集めるようになります。こうしてスケールフリーネットワークは、成長すればするほど巨大な格差が生まれていきます。

バラバシ教授は交通網の例でスケールフリーネットワークの特徴を説明しましたが、ほかにも私たちの世界には至るところにスケールフリーネットワークがあることが分かっています。

分かりやすいのは人間関係でしょう。同じ映画で共演した俳優のつながりをネットワークとして見ると、その構造はスケールフリーネットワークになっています。つまり、ほとんどの俳優は数人の俳優としか共演していませんが、ごく一部の「ハブ」俳優が膨大な数の俳優と共演しているケースがあります。これは、論文を共同執筆した科学者の関係にも見られる傾向です。

スケールフリーネットワークの構造が見つかるのはこうした人間関係だけではありません。ルーターや光ファイバーによるインターネットの物理的なネットワークもそのひとつと言えます。さらに、細胞の代謝やたんぱく質の相互作用といった生物界にも同様のネットワーク構造が見られるといいます。スケールフリーネットワークというのは、人間を含む自然界に幅広く存在する普遍的な法則なのです。

スケールフリーネットワークがイノベーションを生む

では、不平等で格差を生むスケールフリーネットワークが、なぜこれからのビジネスにとって重要なのでしょうか。その理由は、スケールフリーネットワークが持つ多様性にあります。

スケールフリーネットワーク上では、一部のハブが膨大なリンクを持ち、強大な力を発揮します。逆に言うと、少数のリンクしか持たないノードが無数に存在するのです。

スケールフリーネットワークの「べき乗則」のグラフを見て、アマゾン・ドット・コムのロングテールを思い出した方も多いのではないでしょうか。

アマゾンが小売りの世界で成功した企業になった理由のひとつは、その圧倒的な品ぞろえにあります。爆発的に売れる一部の商品と同時に、ほとんど売れないような商品も膨大に用意しておくことで、「アマゾンで探せば何でも見つかる」という状態を作り上げ、顧客を集めました。リアル店舗ではできないスケールフリーを、オンラインの強みを生かして実現したのです。

この圧倒的な多様性の強みは、大きな環境変化が起こったときに生きてきます。予期しなかった出来事によって、ある商品が突然売れなくなっても、多様な製品を扱っていれば別の製品が伸びてカバーできるかもしれません。何が起こるか予測できない世の中では、スケールフリーネットワークが持つ多様性が大きな強みとなるのです。

さて、このスケールフリーネットワークが持つ多様性は、イノベーションを生む土壌にもなります。イノベーションとは、新たなアイデアによって社会を大きく変える革新のこと。そして新たなアイデアというのは、一見まったく関係ないように見える別々の要素の組み合わせによって生まれてくるものです。

多様な要素がネットワークでつながるスケールフリーネットワーク上では、互いに関係のない要素同士が偶然つながり、まったく新しい切り口が生まれる可能性があります。

さらにスケールフリーネットワークのようなネットワーク上では、「パーコレーション」という現象が起こります。パーコレーションとは、ネットワーク上で何かが浸透することを指します。そしてスケールフリーネットワーク上では、そのパーコレーションが急速に広がりやすいのです。

新しい流行があっという間に世界中に広まるのは、人間関係が巨大なスケールフリーネットワークを形成していることも要因のひとつです。

ビジネスにおいても、スケールフリーネットワークのどこかで新しいアイデアが生まれ、それが多くの人にとって魅力的であれば、ごく短期間でネットワークの大部分に広がり、社会に変化をもたらすでしょう。

圧倒的な多様性によって新しいアイデアが生まれやすく、優れたアイデアが出現したら一気に広まっていく。この両方の特徴を併せ持つスケールフリーネットワークは、新たなイノベーションを生む場として最適なのです。

ビジネスの世界を席巻するスケールフリーネットワーク

ではビジネスの世界には、どのようなスケールフリーネットワークがあるのでしょうか。その代表が、現在世界経済の中で巨大な価値を持つGAFA（グーグル、アマゾン、フェイスブック、アップル）です。この4社の時価総額は計り知れない規模に達しています。

彼らはなぜこれほどまでに大きく成長できたのか。その背後には、スケールフリーネットワークの力が働いています。

中でも分かりやすいのがグーグルとフェイスブックです。グーグルはウェブサイトのリンク構造を、フェイスブックは人のつながりを可視化してスケールフリーネットワーク化しました。

彼らははじめからマネタイズ（収益化）を考えたビジネスモデルを構築するので

はなく、まずはネットワークを育てることに注力しました。例えば、グーグルがマネタイズしたのは創業から4年後のこと。「GoTo・com（ゴートゥー・ドット・コム）」という検索エンジンのアイデアを真似て検索連動型広告をスタートしてからです。

一方のフェイスブックも、本格的にマネタイズに動き出したのは創業から3年後にマイクロソフトと組んでからで、黒字化のめどが立ったのは上場後にモバイル化の波に乗った後のことでした。

グーグルはウェブのスケールフリー性を加速した

スケールフリーネットワークの観点から考えて、グーグルやフェイスブックはどこが優れていたのでしょうか。

彼らが特別だったのは、意図したかどうかは別として、ネットワークのスケールフリー性を加速する仕組みが最初から組み込まれていたことです。グーグルやフェ

■ページランク理論のイメージ

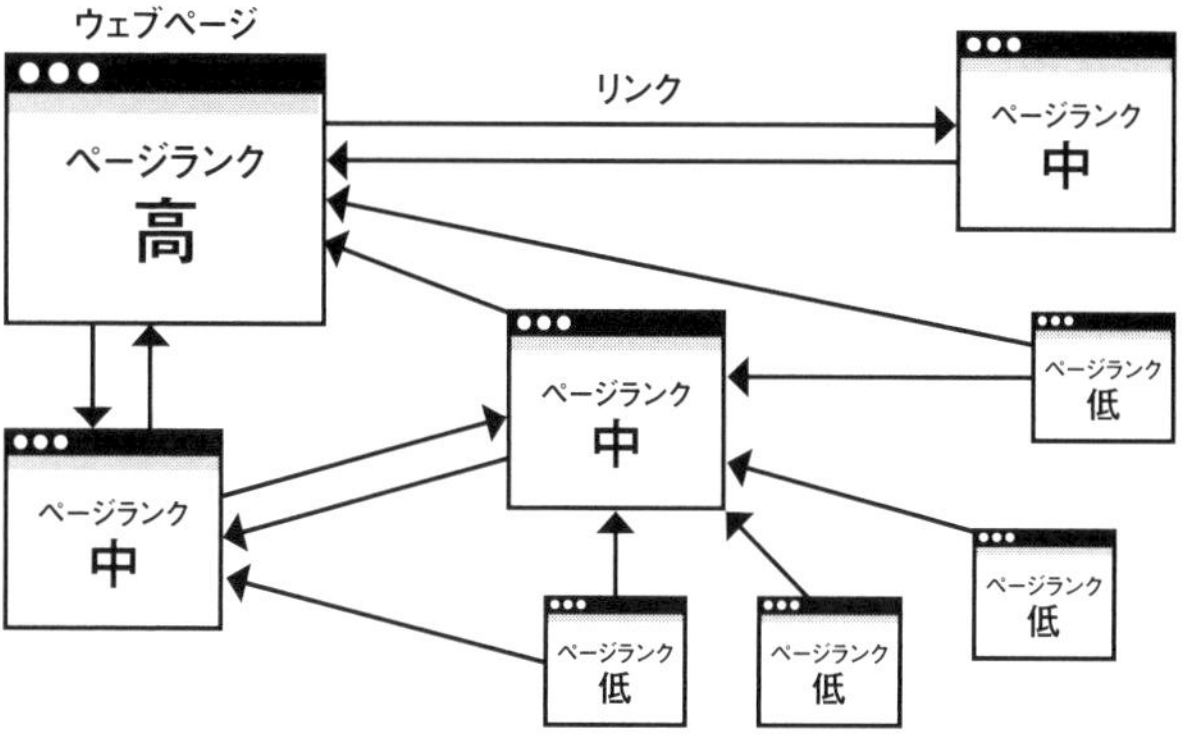

「重要なページからリンクが張られているページは重要である」という考えをベースに、グーグルはウェブページ同士のリンク構造に着目して重要性を評価した。多くの人が見たいであろうウェブページを優先的に検索結果に表示できるようになった

イスブックを利用する人たちが、自然とハブを形成し、スケールフリーネットワークの成長を促進するふるまいをするような構造になっていたのです。

この点についてもう少し詳しく見ていきましょう。

グーグルにおいて、ウェブのネットワークのスケールフリー性を促進したのは、有名なページランク理論です。一言でいうと、「信頼性の高いページからリンクされているページほど信頼性が高い」という考え方で、ウェブページの重要性をランク付けするもの。これは「たくさん引用される論文ほど価値が高い」という学術論文にヒントを得て生み出された仕組みです。

例えば、気候変動に関するページが2つあったとします。一方は国際機関や研究所などから多数リンクが貼られており、もう一方は個人のページから数個リンクが貼られているだけとします。どちらが信頼できるかは、一目瞭然でしょう。こうしてグーグルは、ウェブページ同士のリンク構造に着目してウェブページを評価し、ユーザーの検索に対して信頼性の高いウェブページを検索結果の上位に表示することに成功しました。

グーグルの検索エンジンは、ロボット型と呼ばれる仕組みを採用しています。インターネット上のウェブページを「クローラー」と呼ばれるロボット（ソフトウエア）が巡回し、内容をすべて読み取ってグーグルのデータベースに格納するのです。このためページ内に使われている言葉を全文検索できるのが大きな強みです。

現在は当たり前に感じますが、これは画期的なことでした。というのも、グーグル以前の検索エンジンはディレクトリー型と呼ばれるものが主流。ウェブページを人力でカテゴリー分けしてリストを作るというものでした。

■グーグルと、ディレクトリー型検索エンジンのイメージ

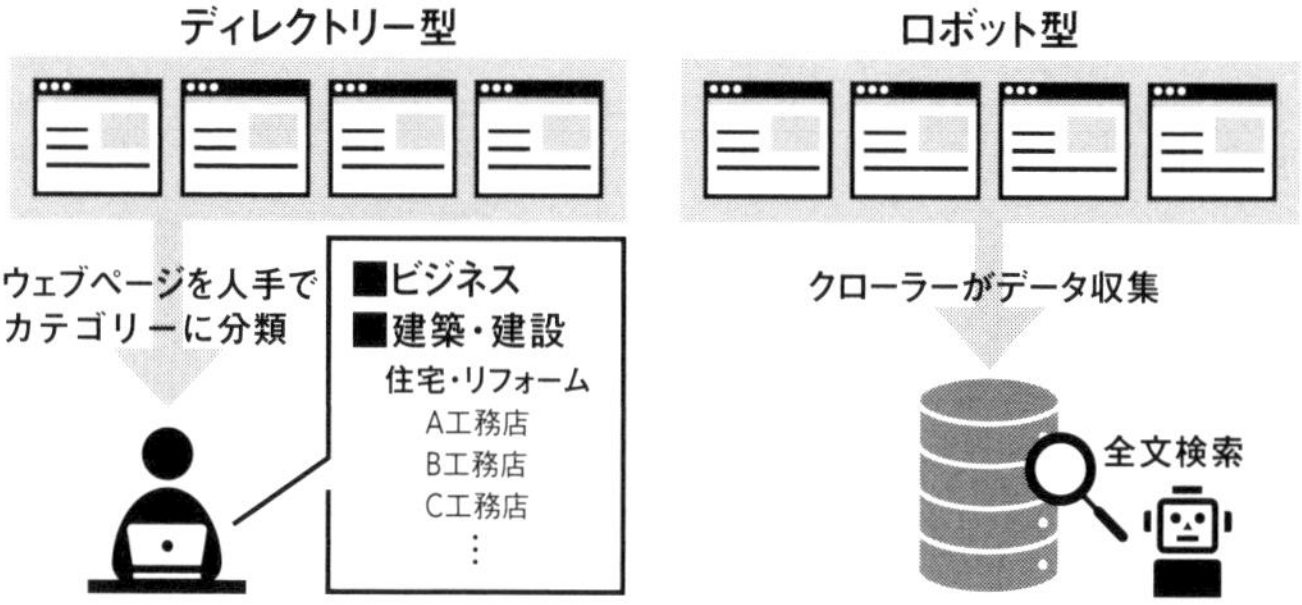

ディレクトリー型とロボット型の違い

ディレクトリー型は、ウェブサイトを人手でチェックし、電話帳のようにカテゴリ分けしていく。一方グーグルに代表されるロボット型は、ウェブサイトの内容を丸ごとデータベースに保存。全文検索し、ページランク理論によって順位付けして表示する

人力で作るため、どうしてもヒエラルキー構造にならざるを得ません。例えば、プロサッカーチームのウェブサイトであれば、「スポーツ」「サッカー」「Jリーグ」の中にチームのページが分類されているようなイメージです。

ディレクトリー型の構造は、いわば電話帳と同じと考えれば分かりやすいと思います。サイト単位での登録となるため、「うちは工務店です」と登録することはできても、「壁の補修が得意です」「オーダーメイド家具も作れます」といった特徴までは登録できません。

一方、グーグルは、原則的にすべての

ウェブページが登録され、ページ内の文章まで全文検索できます。「オーダーメイド家具ならお任せください！」とウェブページ内でアピールする文章を入れておけば、「オーダーメイド家具」で検索した人の結果に表示されます。

グーグルが登場したことにより、どんなにニッチでマイナーな情報であっても、ウェブページにアップさえしておけば検索結果に表示され、誰かが見つけてくれるようになったのです。こうして、グーグルはインターネット上のコンテンツに多様性を与え、スケールフリーネットワークのロングテール性を伸ばすことに貢献しました。

重要なページからリンクを集めるほどページの評価が上がる、というページランク理論そのものもスケールフリーネットワーク化の要因となりました。重要なページの管理人同士が連絡を取り合い、お互いにリンクを貼り合うようになったのです。こうして一部のハブが膨大なリンクを集めるようになり、もともとスケールフリーネットワークであったウェブのスケールフリー性がさらに強化されました。

すべてのウェブページをリンク数によって評価し、スケールフリーネットワークとして構造化することで、グーグルは検索エンジンとして圧倒的な地位を築きます。そして検索エンジンを利用する膨大なユーザーを基盤にして莫大な収益を上げるようになりました。

人間関係をスケールフリー化したフェイスブック

ではフェイスブックはどうでしょうか。こちらは「ウィーク・タイ」、つまり緩やかなつながりを作り可視化したことが、スケールフリーネットワーク化の促進に大きく寄与しました。

フェイスブックを使っている人は、フェイスブックが登場する前の人間関係を思い出してみてください。今どんなことをしているかを把握している友人がどのくらいいたでしょうか。最近の動向を知っている友人はせいぜい20人程度で、あとは毎年の年賀状で近況を知るだけ、という方も多いでしょう。つまりリアルの関係性の中に閉じているだけでは、人と人のつながりはスケールフリーネットワークになりにくいのです。

ところがフェイスブックの登場により、400人の友人とつながっていてもお互いが何をやっているのかおおよそ分かるようになりました。弱い関係性の人とも緩やかにつながれるようになったのです。

こうして一人ひとりの常時つながる友人が増え、友人の多い人が巨大なハブになることを可能にしたのです。

ウィーク・タイが可視化されるのはフェイスブック上だけですので、自分が友人を探したいとき、誰かとつながりたいときは常にフェイスブックを見る必要があります。

また、フェイスブック上の共通の友達を見て、「この人を紹介してほしい」という依頼が増えるようになると、ハブとなっている人にとっては友人・知人関係がひとつの資産となり、フェイスブック上で自身のネットワークを広げる活動をするようになりました。

こうしてフェイスブックは人間関係を、リアルなネットワークよりもずっと強力なスケールフリー性を持ったネットワークとして再構築し、この分野において圧倒的な強みを作り上げました。そして巨大なスケールフリーネットワークを構築し、人が集まるようになった段階で、フェイスブックはマネタイズに着手します。あくまでスケールフリーネットワークを作るのが先で、マネタイズは後なのです。

新たな切り口で挑んだインスタグラム

では、どうやってスケールフリーネットワークを作ればいいのでしょうか。GAFAがサイバーの世界を支配する中、ほかの企業が入っていける隙はないのでしょうか。

そんなことはありません。人間関係のスケールフリーネットワークとしてフェイスブックが大きな存在感を示していますが、ちょっと切り口を変えれば新たなスケールフリーネットワークを作ることは可能です。

その一例として、写真SNSのインスタグラムを見てみましょう。フェイスブックというスケールフリーネットワークの巨人がいる中、インスタグラムは後追いで新たなスケールフリーネットワークを構築して大きな価値を生み出しました。2010年にサービスを公開すると瞬く間に急成長を遂げ、2012年にはフェイスブックに約10億ドルという巨額で買収されています。

インスタグラムは、写真によって人とつながれるSNSです。フェイスブックのように友人をフォローできるだけでなく、写真にキーワードを割り当てられる「ハッシュタグ」という機能によって、自分の興味・趣味で人とつながれるのが特徴です。例えばサーフィンが趣味なら、「サーフィン」というハッシュタグをフォローすれば、世界中のサーフィンの写真を見られるのです。

さらに細かく、朝の静かな時間帯のサーフィンばかり集めた「モーニングサーフィン」や、世界中の大きな波を見られる「ビッグウェーブ」といったハッシュタグもあります。自分の趣味を通して世界中の人とつながることができます。このようなつながりを「インタレストベース」のネットワークと呼びます。

現在ではフェイスブック傘下となり、10億人もの利用者がいるインスタグラムで

■インスタグラムのハッシュタグ

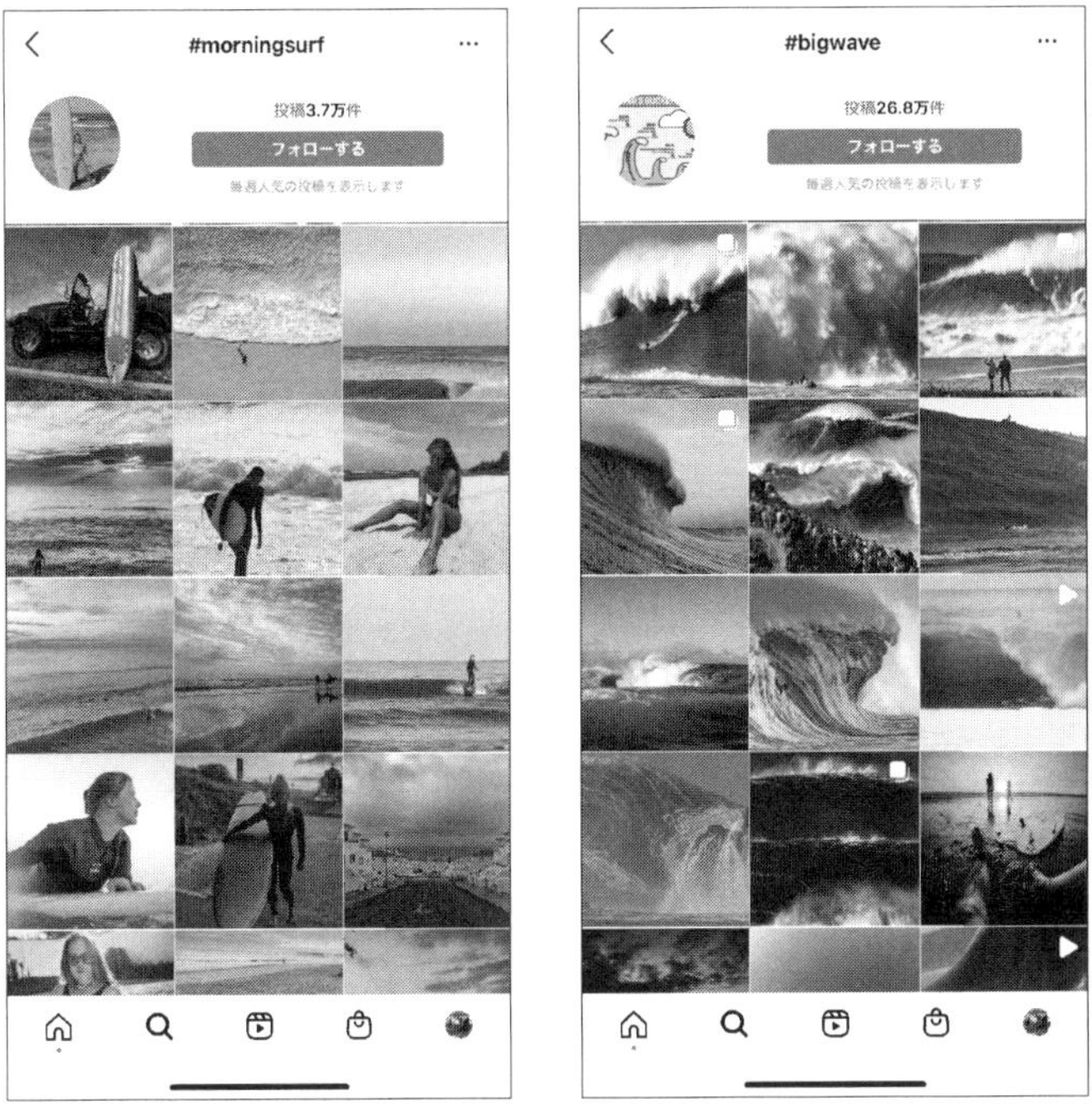

#morningsurf（朝のサーフィン・左）や#bigwave（ビッグウェーブ・右）のハッシュタグを検索したところ。インスタグラムはハッシュタグを使って、自分の趣味で世界中の人々とつながれる

すが、現在の形になるまでには、いくつかのステップがありました。

インスタグラムは、実はフェイスブックに見栄えのいい写真を投稿するためのフィルターアプリとして始まりました。実名のスケールフリーネットワークであるフェイスブック上で友人たちに何かを発信するには、テキストよりも写真が効果的でした。

ところが当時はまだスマートフォンのカメラ性能は今のように高くなく、また通信速度も速くはありませんでした。そこでスマートフォンの写真を格好良く、ファイルサイズの小さい写真データに変換するというニーズがあったのです。

インスタグラムを使って写真を撮るユーザーが増えると「友達以外とも写真を見せ合いたい」といったニーズや、反対に「自分に近い友人だけに写真を見せたい」というニーズが出てきます。こうしてインスタグラム上で写真を共有するユーザーが増え、写真SNSとしてインスタグラムが使われるようになっていきました。

そんな中、「ハッシュタグ」機能が実装されます。ハッシュタグによって、自分の直接の友人でなくとも、自分が興味がある内容の写真を探せるようになりました。

ユーザーが自分が写真をアップロードするときにも、ハッシュタグを5個、10個と付けるようになっていきました。1枚の写真にいくつものハッシュタグを付けられることで、写真が複数の興味・趣味のハブとなり、よりスケールフリー性のあるネットワークとなっています。

フェイスブックがリアルな人間関係をベースとしたスケールフリーネットワークであるのに対し、インスタグラムは興味や趣味、関心によってまったく知らない人とつながるスケールフリーネットワークを構築しています。

このように、インターネット上ではいくつものスケールフリーネットワークが生まれ、多大な影響力を誇ってきました。その仕組みや成長過程を知っておくことは、次章で説明する「サイバーとフィジカルを組み合わせたスケールフリーネットワーク」を作る上でとても参考になるでしょう。

■過去の産業革命

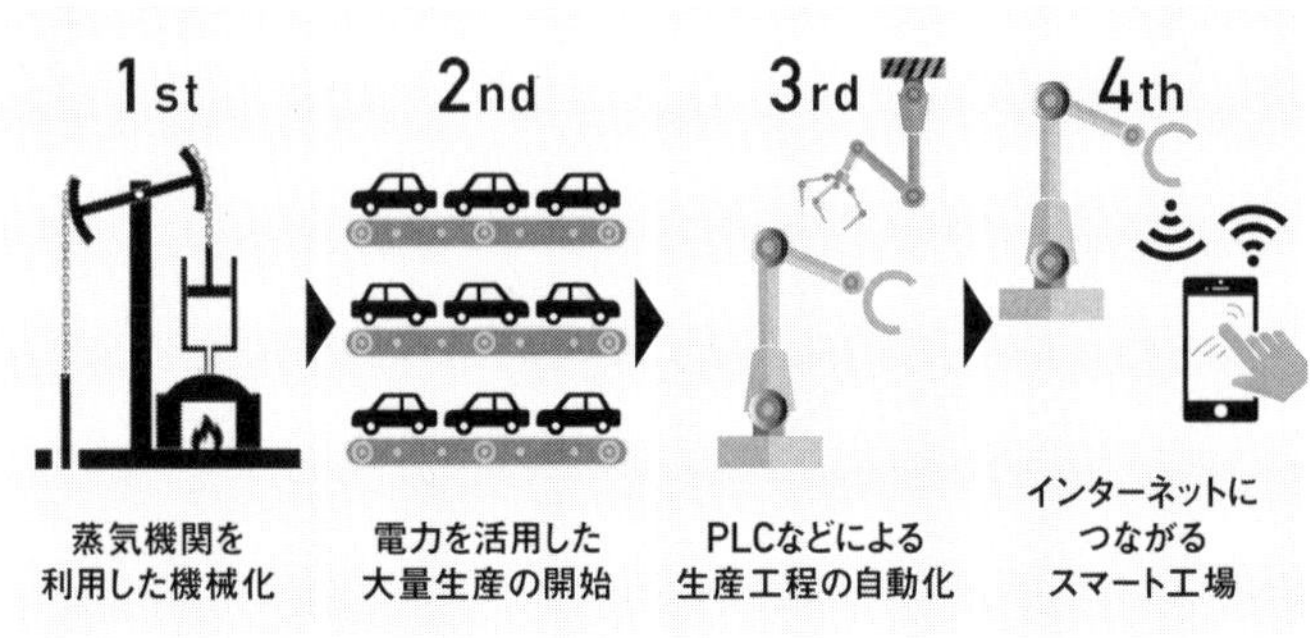

第4次産業革命が進行中

工場の機器をすべてインターネットにつなぐ第4次産業革命が、製造業の姿を大きく変えようとしている。そのインパクトは過去3回の産業革命に勝るとも劣らないだろう

ドイツで進む次なる産業革命

現在進行形のスケールフリーネットワークの例として、ドイツが進める「インダストリー4・0」を紹介しましょう。インダストリー4・0は、工場のあらゆる装置をインターネットにつないだ「スマート工場」を作ろうという試みで、ドイツ政府が主導し、産官学一体となって進めています。過去に3回あった産業の大きな技術革新に次ぐ、4回目の産業革命という意味で「インダストリー4・0」と名付けられました。

ここで過去3回の産業革命とは何かを

おさらいしておきましょう。最初の産業革命は18世紀半ばから19世紀にかけてイギリスで起こった、いわゆるパワーソース（動力源）の革命のことです。蒸気機関の登場により、これまで人力で行っていた作業が機械化されました。

第2次産業革命は、19世紀末にアメリカやドイツを中心として進んだ技術革新で、電力をベースとした大量生産の開始を指します。第3次産業革命は、PLC（プログラマブル・ロジック・コントローラー、産業用コンピューター）などのIT技術による工場のオートメーション化。このように技術革新によって産業革命が起こるたびに、生産技術だけでなく、それによって生み出される製品、そして社会も大きく変わってきました。

そして、今、進行しつつあるのが第4次産業革命です。インダストリー4・0にはさまざまな要素が含まれますが、その本質は「工場のあらゆる装置をインターネットに接続できるようにして、ネットワーク化しよう」ということです。つまり、製造業をスケールフリーネットワーク化しようという試みと言い換えることができます。

インターネットで起きたことを、産業の世界で起こす

私が2014年にシーメンスのドイツ本社に着任したとき、ドイツはインダストリー4・0への変革の真っ只中にありました。私はソフトウエア畑を歩んできたこともあって、デジタルファクトリーの担当となり、インダストリー4・0を推進している人々とともに仕事をし、彼らと数多くの話をしてきました。

その中で特に印象的だったのは、彼らが口々に「インターネットで起きたことを、次は産業の世界で起こす」と言っていたことです。ドイツ人はそもそも哲学的な人が非常に多いのです。彼らはインターネット登場から現在までの歴史を俯瞰的に振り返り、「我々はインターネットで敗北した」ととらえていました。

その一例が、私が在籍していたシーメンスです。インターネットが急速に発達した90年代から通信・ネットワーク関連の事業を手がけていましたが、やがて見切りを付けて事業売却してしまいました。

当時の重役が「インターネットなど、我々が手がけるほどの規模にはならない」

と言っていたのを、私は今でも覚えています。その後の展開はご存じの通りです。インターネットは大きく躍進し、GAFAをはじめとする米国の新興企業が巨大な企業価値を持つようになりました。インターネットこそ、現代の世界で大きな価値を生む「金の卵」だったのです。私は、通信・ネットワーク事業から手を引いたのはシーメンスにとっては間違った決断だったと今でも思っています。そのまま事業を続けていれば、大きな可能性を捨てずに済んだでしょう。

インターネットの世界でアメリカに水をあけられてしまったのは、ドイツにとっては痛恨の出来事だったはずです。しかし、彼らが偉いのは「自分が間違っていた」と認めたこと。ドイツの哲学者ヘーゲルが提唱した「アウフヘーベン（止揚）」と通ずるものがあります。過去の間違いを認めた上でその事象を昇華させ、次なる世界で生かしていこうという姿勢を持っているのです。

彼らは、自分たちが一度は過小評価したインターネットの力を改めて見直し、次なるチャンスを探しました。そこで勝機を見いだしたのが、当時はまだインターネット化されていなかった産業の世界だったわけです。

この分野はシーメンスが強固な基盤を持っており、製造業はドイツのお家芸でもあります。産業の世界ならインターネットの覇者になれると気づいた彼らは、そのために必要な要素は何かを考え、着々と歩を進めていくことにしました。

実のところ、いずれ産業の世界でもインターネットによる革新が起こるだろうというのは、決して突飛なアイデアではありません。少し考えれば想像がつく話です。私もシーメンス時代に何度も日本の大手企業のエンジニアたちと話をしましたが、誰からも「確かにそうなるんでしょうね」という反応が返ってきました。それでも、そこに本気で突っ込んでいく人がいないのです。

「CPU（中央演算処理装置）の計算能力はどんどん上がっているんだから、汎用品で動くようになる」「ネットワークの速度が上がればクラウドに移管できる」「そうなったらソフトウエアの方が価値が出てくる」といった話は、エンジニアならある程度予測がつく話です。

しかし、実際にそれを実現するためには、大きな設計図を描いて技術を規格化・標準化し、法的な枠組みを作り、参加者たちの利害関係を調整し、職業訓練や研修

■ケルン大聖堂

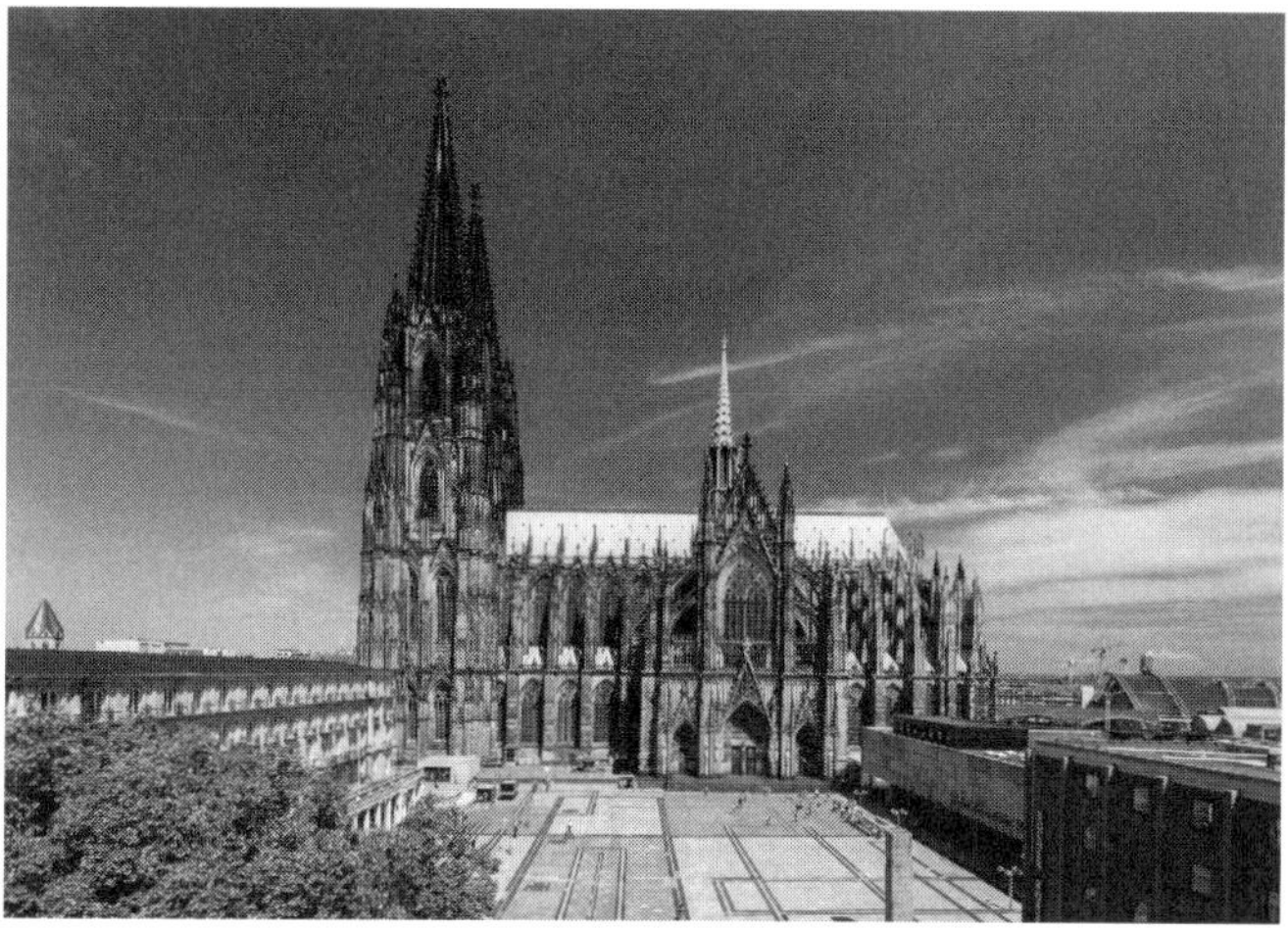

ドイツのケルンにある世界最大のゴシック建築、ケルン大聖堂。完成までに600年以上の歳月を要した

を通じて人材を育成して、といった途方もない労力と時間が必要になります。

ドイツが恐ろしいのは、一度「自分たちはこの方向へ行く」と決めたら、着実に歩みを進めるところです。この大きな課題に対し、産官学が一体となって何が必要になるかを考え、10年、20年という将来を見据えながら「ここはこうする」「こっちはこうやる」と一つひとつクリアして着々と前に進んでいきます。

彼らは「これを実現するには10

年や20年はかかる」と最初から平然と言うのです。そんな彼らの姿を見ていて思い出したのは、ドイツが誇る世界最大のゴシック建築、ケルン大聖堂です。

実際にケルン大聖堂の前に立ってみると、そのとてつもない大きさに圧倒されます。石をこつこつ積み上げていけばここまで巨大なものが作れるのかとぼうぜんと見上げたのを覚えています。

そんなケルン大聖堂の建設が始まったのは1248年。完成したのは1880年で、なんと600年以上も完成までに月日を費やしています。石さえ積んでいけば、いずれたどり着けることは分かっていますが、それを淡々と600年以上もやり続けてしまう。これがドイツの強さなのかもしれません。

実は、スケールフリーネットワークを作るには、ケルン大聖堂のように「信念に基づいてやり続ける」ということが非常に重要となります。ネットワーク作りは、短期的に目に見える結果が出るとは限らないからです。つながった後の世界を信じて、ひたすら作り続けるしかないのです。ドイツは現在、ファクトリーオートメーションで得た利益をどんどん将来に向けて投資をしています。虎視眈々と機会をうかがい、いざ機が熟したら真っ先にチャンスをつかむためです。

一方、日本を振り返ってみると、私はバブル崩壊の影響をいまだに引きずっているように感じます。目先の四半期決算の数字を気にしすぎるあまり短期的な対応に終始し、内部留保が積み上がっている企業も多いのではないでしょうか。世界の枠組みが再び大きく変わろうとしている今、改めてアーキテクチャーのレベルから新たな絵を描き、投資を進めるべきときに来ていると思います。

日本人は本来「長期でものを見る」ことが得意だったはずです。飛鳥時代に将来を見据えて建立された法隆寺や薬師寺の東塔は、1000年以上の時を経た今もなお健在です。これから始まる「二回戦」では、それを思い出して長期的な視点でビジネスを進めることが重要です。

インダストリー4・0の本質は「管理シェル」

インダストリー4・0が目指す世界について、もう少し具体的に説明してみましょう。インダストリー3・0の時代、つまり従来の製造業の世界は、ピラミッド型の階層構造になっていました。工場内にはワークセンター、作業ステーション、制御装置、そしてフィールド機器といった階層があり、情報のやり取りは階層間で行われます。これの何が問題かというと、階層を飛び越えてデータを直接見ることができない点です。すべての機器が上の階層の端末にぶら下がる、樹形図型のネットワークでした。

これがインダストリー4・0の世界になると、生産システムのあらゆるコンポーネントが階層の垣根を越えてつながるようになります。必要なときに必要な機械やセンサーの情報を自由に取れるようになるのです。また、一つの工場内だけでなく、他社の生産設備ともインターネットを介してつながれるようになるのです。

そんな世界を実現するために定義されたのが「管理シェル」です。これは生産システムに関わる「すべてのモノ」をインダストリー4・0の世界につなぐためのインターフェースになる標準化されたデータ形式で、インダストリー4・0の核心部分と言えます。

■階層構造からネットワーク構造へ

インダストリー3.0はピラミッド型の階層構造になっている。上下の階層としか情報をやり取りできず、つながりの数も少ない。インダストリー4.0は、あらゆる機器やフラットにつながる世界だ。階層を飛び越えて情報をやり取りすることが可能で、必要なコンポーネントを柔軟に組み合わせられる

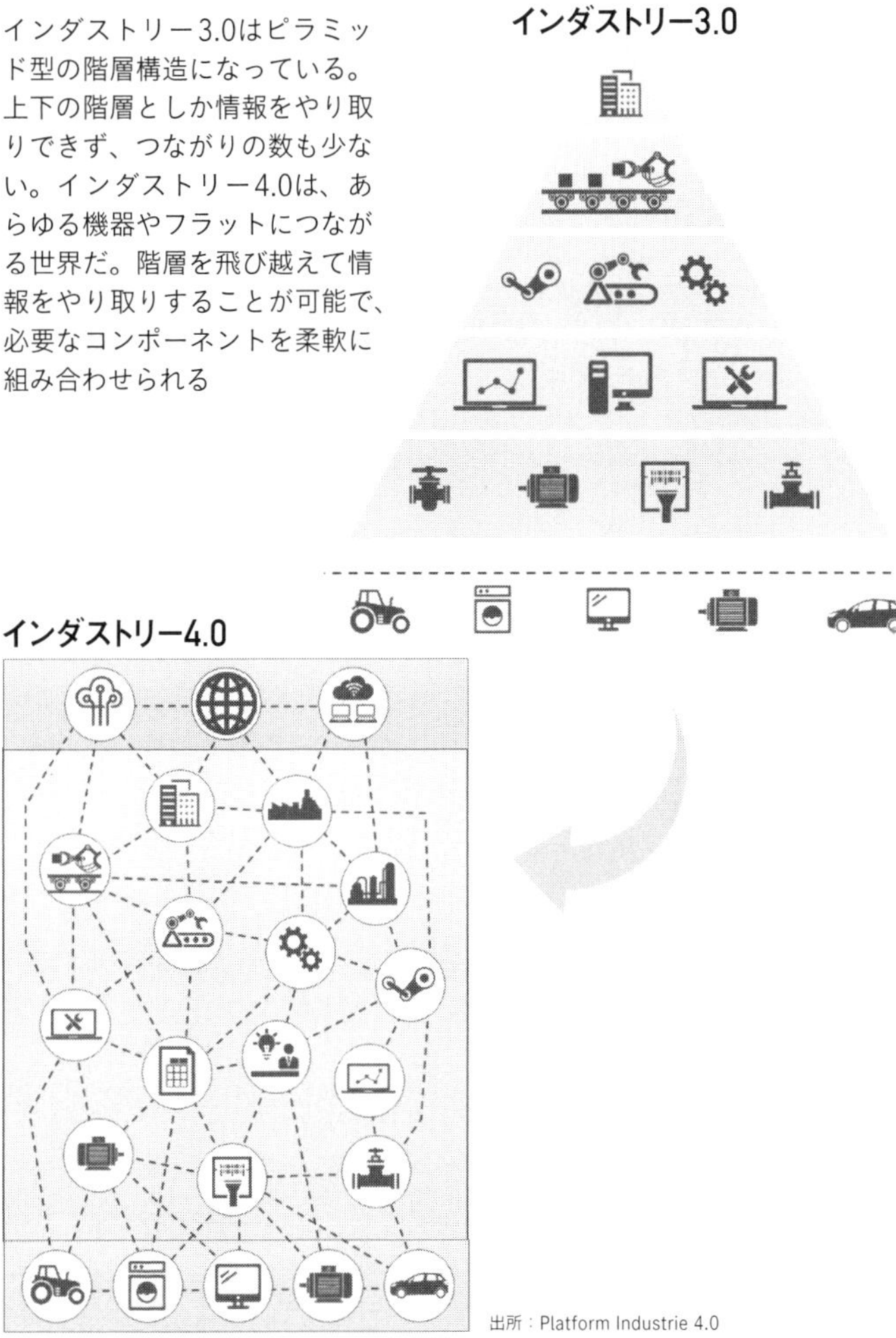

出所：Platform Industrie 4.0

従来の生産設備は、分野や業界によって異なる規格や標準を使用しており、そのまま機器同士をつなぐことはできませんでした。「管理シェル」は「ラッパー（Wrapper）」という考え方で作られており、各機器を共通のインターフェースで包むことで、既存の古い設備も含め、あらゆる機器に同じ方法でアクセスできるようになるのです。

さらにこの管理シェルは、生産設備や機械部品だけでなく、ソフトウエアや注文書などのドキュメント、そして技術者やオペレーターなどの人間までを対象としています。まさにフィジカルの世界とサイバー空間をつなぐ、橋渡し役となるのです。

ドイツがインダストリー4・0の中核として作り上げた管理シェルですが、実はその仕様は公開されており、誰でも自由に作ることができます。このオープン化が極めて重要なポイントです。

公開された仕様に沿って東芝でも自前で管理シェルを作ってみましたが、現場の人間が「すごい！」と驚くほどよくできていました。例えば、新たに工場にラインを導入する際に各機器に管理シェルを用意しておけば、メンテナンスに必要なパラメーターや図面、スペックシートなどといった情報にいつでもインターネット経由でアクセスできます。ラインに不具合が発生した際も、機械の部品の仕様といった細かい情報まですぐに集められるため、外部のラインサプライヤーが現場に行かずにトラブルの原因を特定したり、常にモニタリングすることでトラブルを未然に防いだりすることも可能になります。生産の現場にとっては本当に魅力的なツールで、誰もが導入したくなることでしょう。そして管理シェルを導入することで、インターネットに接続する意味が生まれます。

ドイツは、誰もが使いたくなる魅力的な管理シェルを無償で公開し、世界中にばらまきました。これを世界中の工場が採用すれば、自然と産業のスケールフリーネットワークができあがるというわけです。

インターネットで一度敗北したドイツは、スケールフリーネットワークの威力を思い知りました。そこでインダストリー4・0では、意識的にスケールフリーネットワークが生まれる仕組みを組み込んでいます。彼ら自身はそれをスケールフリーネットワークという言葉では説明しませんが、私から見ればそれらはスケールフリーネットワークそのものです。

スケールフリーネットワークを作る3つの方法

スケールフリーネットワークを作るには3つの方法があります。

一つは、私がアメリカ方式と呼んでいる方法で、「お金を燃やす」やり方です。シリコンバレーでは、有望なスタートアップにはエンジェル（個人投資家）やベンチャーキャピタルなどの投資家から巨額の資金が集まってきます。そのお金を注ぎ込んで製品を開発しながら延々と製品をただで配り、大きなシェアを取ったところでマネタイズを考えるという方法です。

前述したように、グーグルもフェイスブックもマネタイズに成功したのはサービスを開始してから数年が経過した後でした。エンジェル投資家が創業時に出資し、その後、ベンチャーキャピタルの資金が投じられて成長が一気に加速、その後にマネタイズという流れです。この方法はうまくいけば速いスピードで大きなシェアを

■企画を標準化する3つの方法

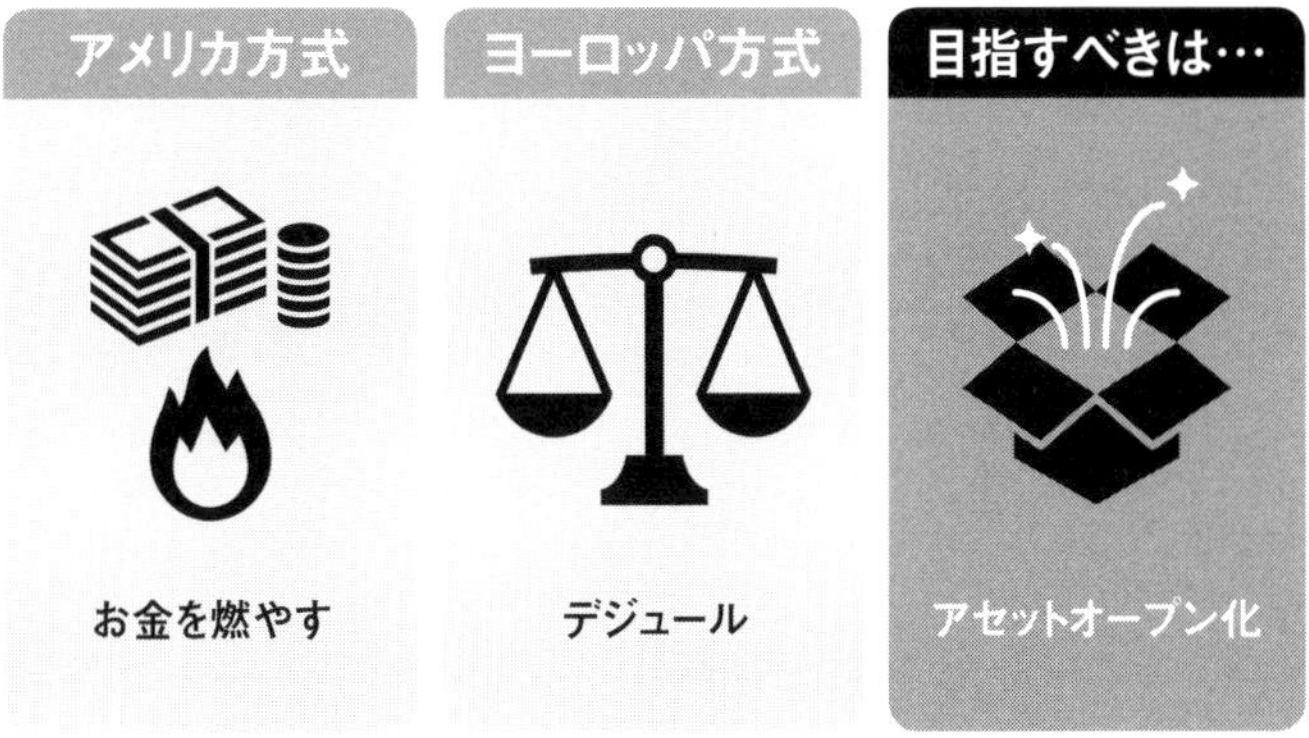

アメリカ方式は多大な資金が必要で、ヨーロッパ方式は経済規模が必要となる。日本が目指すべきは、技術を公開してデファクトスタンダードを握るオープン化の道だ

取れますが、圧倒的な資金力が必要になるし、リスクも高くなります。

もう一つの方法は、欧州でよく見られる「デジュールスタンダード」の形です。市場競争の結果として事実上の業界標準となった規格を「デファクトスタンダード（事実上の標準）」と呼びますが、デジュールスタンダードは比較的、公的な意味合いを持ちます。何年もかけて関係者で話し合って規格を決め、それをＩＥＣ（国際電気標準会議）やＩＳＯ（国際標準化機構）といった標準化団体に登録。その規格を世界に広めていくやり方です。

先ほど紹介したインダストリー4・0は、

まさにこの方法で世界標準にしようとしています。

お金を燃やす方法もデジュール方式も強力な方法ですが、これらのやり方で進めるにはある程度の経済規模が必要となります。おそらく世界のGDP（国内総生産）の15％から20％くらいを握っていないとうまくいかないでしょう。つまり、これらの方法を採れるのはアメリカか中国、そしてEU（欧州連合）全体の中でのドイツくらいしかありません。

日本の採るべき戦略は「アセットオープン化」

では、日本はどうすればいいのでしょうか。実はもう一つ手段が残されています。それは「アセットオープン化」です。自社製品の一部アセットを先に開放し、あるいは仕様を公開して、誰でも接続可能にすることです。これこそ、多大なコストも時間もかけずにスケールフリーネットワークを作れる強力な手段なのです。

製品やサービスをオープン化し、自社製品だけでなく、他社の製品やサービスも自由に接続できるようにします。そのメリットを享受するのはユーザーです。これまで連携が取れなかった機器やサービスが連携できるようになれば、ユーザーは喜んでさまざまな機器やサービスをつなぐでしょう。

そうなると、ユーザーのニーズに応じて対応機器がどんどん投入されていくはずです。こうして自然とスケールフリーネットワークが出来上がり、成長を続けていきます。そして結果的に、公開した仕様はデファクトスタンダードになるのです。

オープン化によってデファクトスタンダードとなった例として、1980年代にパソコンの世界で起きた出来事があります。

当時はパソコンのれい明期で、各メーカーのパソコンは仕様も規格もばらばら。動作するソフトウエアや周辺機器に互換性がなく、ユーザーは不便な状況を強いられていました。なにしろ、別のメーカーのパソコンに買い替えたら、ソフトから周辺機器まですべて買い直しとなってしまっていたのです。当時、日本にもNECのPC－9801シリーズやシャープのX68000といった、独自仕様のパソコンがあったのを覚えている方もいらっしゃるでしょう。

そんな中、IBMは84年に発売したパソコン「IBM PC／AT」で、内部仕様を公開するオープンアーキテクチャ戦略を採用。これによって、誰でもIBM PC／AT向けのソフトウエアや周辺機器を自由に開発できるようになりました。さらに、ほかのパソコンメーカーが、IBM PC／ATと同じ仕様を持つパソコン（PC／AT互換機）を作れるようになったことで、PC／AT互換機は瞬く間にその数を増やしていきました。

ソフトウエアメーカー、周辺機器メーカーは既に台数が多いPC／AT互換機向けのソフトウエアを最優先で開発し、ユーザーも選択肢が多いPC／AT互換機を購入するようになります。こうしてPC／ATはあっという間に業界標準、デファクトスタンダードとなり、ほぼすべてのパソコンがPC／AT互換機の流れをくむという状況になりました。

決してPC／ATが技術的に特別優れていたというわけではありません。幾多のパソコンメーカーを押しのけて業界標準の座を奪い取ったのは、他社が乗りたくなるだけの先行優位性がある中で、その技術仕様、アセットをオープン化したからです。

なお、84年といえばアップル（当時はアップルコンピュータ）が「Macintosh」を発売した年でもあります。オープン戦略を取ったPC／ATと、あくまでクローズドを貫いたMacのシェアがその後どうなったかを見れば、オープン戦略の持つ力がよく分かるでしょう（ちなみにMacは2005年にインテル製のCPUを採用し、PC／AT互換機となりました）。

コモディティー化した技術は公開する

オープン化戦略を採る上で、「どこまで手元に残し、何を公開するのか」は非常に重要です。場合によっては自社のビジネスを根本から破壊してしまいかねないため、慎重に検討する必要があります。

そのとき判断基準になるのは、その技術が「コモディティー化しているかどうか」です。「他社でも作れる」、あるいは「誰が作っても大きな差がない」という技術は既にコモディティー化している可能性が高く、技術仕様を公開しても問題ないでしょう。

一方、それが自社の競争力を生み出しているような独自技術であれば、すべてを公開すべきではありません。その場合は、例えば、ソフトウエアとソフトウエアをつなぐ仕組みであるAPI（アプリケーション・プログラミング・インターフェース）を用意するなどの方法で外部との接続性を確保しつつ、核心部分はしっかり自社内でキープしておくべきでしょう。

いずれにしろ、すべてを自社で囲い込んでしまってはネットワークは生まれません。公開できる部分はどんどん公開して積極的に外部とつながり、ネットワーク全体で新たな価値を生む。これからの時代は、それが競争力の源泉となります。

スケールフリーネットワークは人間社会、自然界のあらゆるところで見られる法則です。製品のオープン化によりネットワークが成長していけば、そのネットワークは自然とスケールフリーネットワーク化していくでしょう。では、どのようにスケールフリーネットワークを活用していけばいいのか。

現在、東芝が取り組んでいる例をご紹介します。

POSレジをつないで作る、電子レシートネットワーク

2018年に東芝に籍を移して以降、私はこの会社が持つ資産の豊富さ、技術力の高さに改めて気づかされ、これをなんとかスケールフリーネットワーク化しようと取り組んできました。そのうちいくつかは、社外の方々も巻き込んだネットワークができつつあります。

その一つが、東芝テックが手がける電子レシートサービスの「スマートレシート」です。実は東芝テックは、店舗などで使うPOS（販売時点情報管理）レジやシステムにおいて、トップシェアを持っています。

POSレジは、いつ何を、どんなお客さまに販売したかという情報を記録・集計できるキャッシュレジスターの一種。単に会計機能を持つだけでなく、回線を通じてデータをサーバーに送信して蓄積できます。複数店舗の情報の集計、データを利

用したマーケティング分析、在庫管理や顧客管理などができます。

例えば、あなたがコンビニエンスストアに行って買い物をするとしましょう。商品を選び、店員さんに代金を渡してレシートを受け取る。このとき、あなたは気づかないうちにPOSレジを使っています。あなたは、おそらくスーパーマーケットやファミリーレストランでも、近所の八百屋さんやパン屋さんでも、気づかないうちにPOSレジを利用しているのです。

買い物をすると、店舗は必ずお客さんに紙のレシートを渡します。ところが、レシートはこれまでほとんど活用されてきませんでした。このレシートを電子化してスマートフォンにためることができれば、お客さんは自分の買い物情報をためていくことができます。

ここで大切なのは、レシートの情報は買い物をした個人のものであるべきで、個人にはそのデータを自由に使う権利があるということです。今までばらばらに分散していた買い物データを個人が結びつければ、レシート情報のスケールフリーネットワークが出来上がっていきます。

■スマホにレシートが届く「スマートレシート」

東芝テックが取り組むスマートレシート

POSレジで決済したデータを、紙のレシートの代わりにスマートフォンに直接届けるサービス。購入した品目や金額をデータとして受け取りスマートフォン内に保管できる。クーポンの取得やキャンペーンへの応募も手軽にできる

■東芝テックのPOSレジ

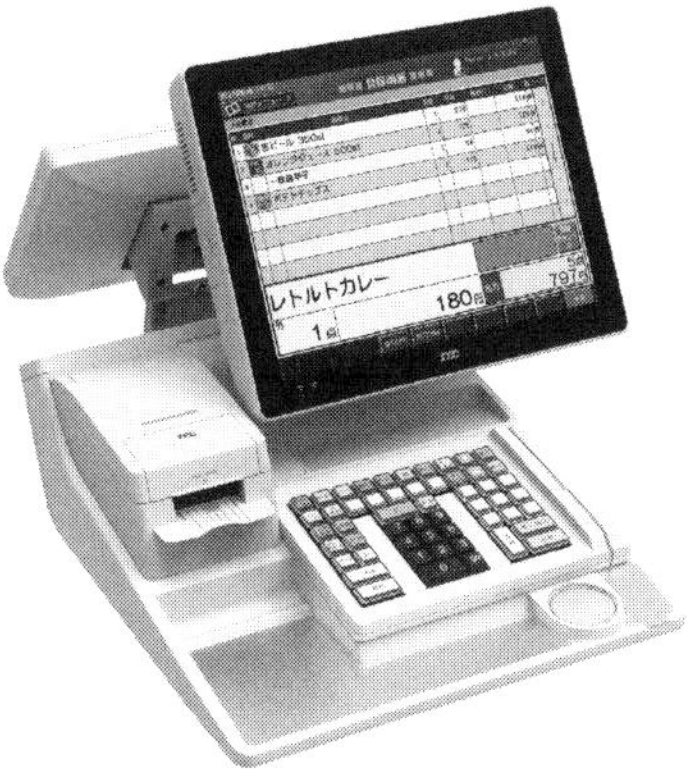

東芝テックは量販店、ホームセンター、コンビニエンスストア、飲食店、衣料店などあらゆる業種の店舗向けにPOSレジを提供している

■スマートレシートの仕組み

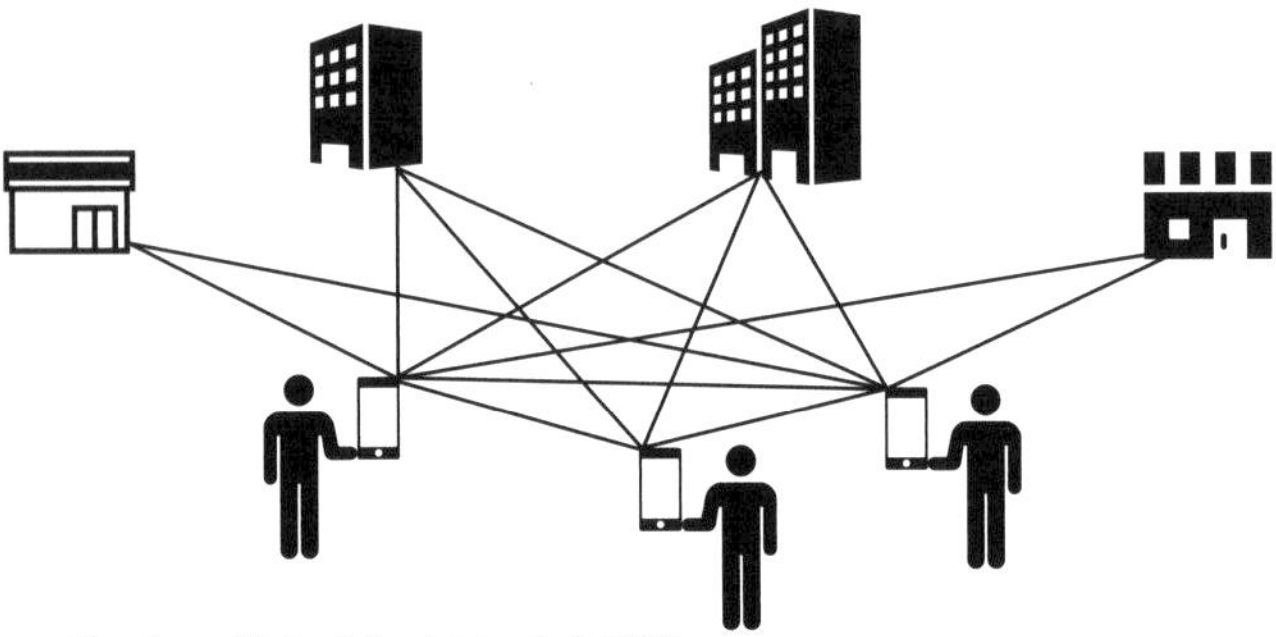

ユーザーをハブとしてネットワークを構築

スマートレシートが普及すると、ユーザーをハブとしたスケールフリーネットワークになっていく。このネットワークがプラットフォームとなり、複数店舗にまたがる販売促進施策やデータ分析など、新たなビジネスの創出が期待できる

そこで私たちが取り組んでいるのが「スマートレシート」というサービスです。これは、これまで紙で渡していたレシートをスマートフォンにデータとして送るというもの。ユーザーはあらかじめスマートフォンに専用アプリをインストールしておきます。会計のとき、レジで画面に表示したバーコードを読み取ってもらうと、アプリにレシートが送られてくるという仕組みです。

ユーザーにとっては、財布の中でかさばりやすい紙のレシートを受け取らずに済む上、日々の支出をデータとして一元管理できるようになります。返品や保証を受けるときに、あわててレシートを探し回る必要も無くなるでしょう。さらに今後、家計簿アプリなどと連携できれば、さらに利便性が上がるはずです。

環境への負荷も減らせます。東芝テックで調べてみたところ、全国で1年間に消費されるレシート用紙の量はなんと5・4万トンにも及びます。A4のコピー用紙を1枚4グラムとすると、約135億枚分に相当する量です。電子化すれば、これを節約できます。

企業や店舗にとってもメリットがあります。レシート用紙の費用負担が減るほか、スマートレシートアプリを通じて顧客の購入傾向に応じたクーポン発行やキャンペーンを展開できるようになります。沖縄県で実施した実証実験では、キャンペーンクーポンの利用率が約50％と非常に高い数値を記録。複数の店舗で買い物をするとおトクになる相互送客クーポンによって買い回り客が9・5倍になるなど、大きな効果が確認できました。新たなマーケティング手段としても有効だと期待していま す。

ユーザーにとっても店舗にとってもメリットのあるスマートレシートですが、まずは十分に普及しなければスケールフリーネットワークを作ることはできません。そこで店舗に導入する際、コスト面がハードルにならないよう、月額費用の無償化や導入費の一部補てんなど、費用負担軽減の取り組みを進めています。スケールフリーネットワークが形成され、スマートレシートがデファクトスタンダードとなれば、収益化のポイントはいくらでもあるからです。

19年11月にファッションビルのパルコの公式アプリとして連携を開始。さらに2020年度からTポイントアプリとも連携して、使える店舗を増やしています。20年11月30日現在で、会員数は30万人以上。利用できる店舗は稼働中、稼働予定を合わせて全国で4500店舗以上まで増えています。これを20年度中に一気に10万店舗まで増やすという目標を立てて、取り組んでいます。

20年7月には、日本最大級のレシピ動画メディア「DELISH KITCHEN」を運営するエブリーと一緒に購買データの活用方法の検討を始めました。購入した食材に合わせたレシピを提案したり、相性のいい商品を紹介したりするなど、ユーザーと小売店の双方にメリットがある施策を目指して取り組んでいます。

健康プラットフォームを展開するタニタヘルスリンクとは、ＰＯＳデータとヘルスケアデータの連係について検討を進めています。食生活と健康情報は表裏一体であり、自分の買い物データと健康状態の情報を組み合わせることで、予防医療や健康増進に役立てることが可能だと考えています。

また、福島県会津若松市で進むスマートシティーへの取り組みにも参加していま す。会津若松市では、市民が主導する形で、様々な分野でデジタルデータ活用が進められています。ここで実際に市民の皆様にスマートレシートを使っていただき、ユーザー、小売店、地域コミュニティーにメリットがある購買データの活用法を探っていきたいと考えています。

スケールフリーネットワークを作るときは、参加者にどんなメリットを提供できるのかを十分に考えて設計することが大切です。間違っても、企業の都合を参加者に押しつけてはいけません。自発的に「参加したくなる」「利用したくなる」「つなぎたくなる」といった仕掛けを組み込むと、それがスケールフリーネットワーク・ジェネレーターとなり、ネットワークは自然と育っていくはずです。スマートレシートも、そんなことを心がけて取り組みを進めています。

誰でも簡単に使えるIoTを目指す

もうひとつ事例を紹介しましょう。それは、東芝デジタルソリューションズが手がけているIoTプラットフォーム「ifLink（イフリンク）」です。これは、IoT機器やウェブサービスを共通の規格でモジュール化し、つなげられるようにするためのプラットフォームです。現在日本の企業でIoTを活用できているのは5%しかない、と言う人もおり、IoTはまだまだ一般の人や企業にとっては縁遠い存在です。しかしIoTの力は非常に強力で、業務を効率化したり、ビジネスそのものを変えてしまえるだけの可能性を秘めています。

そこで「誰でも簡単にIoTが使える」世界を目指し、プログラミングなどの専門知識なしに複数のIoT機器をつなげるサービスとしてifLinkを作りました。ifLinkに対応する機器やウェブサービスなら、ユーザーは業界やメーカ

■IF-THENカードで簡単にルールを設定

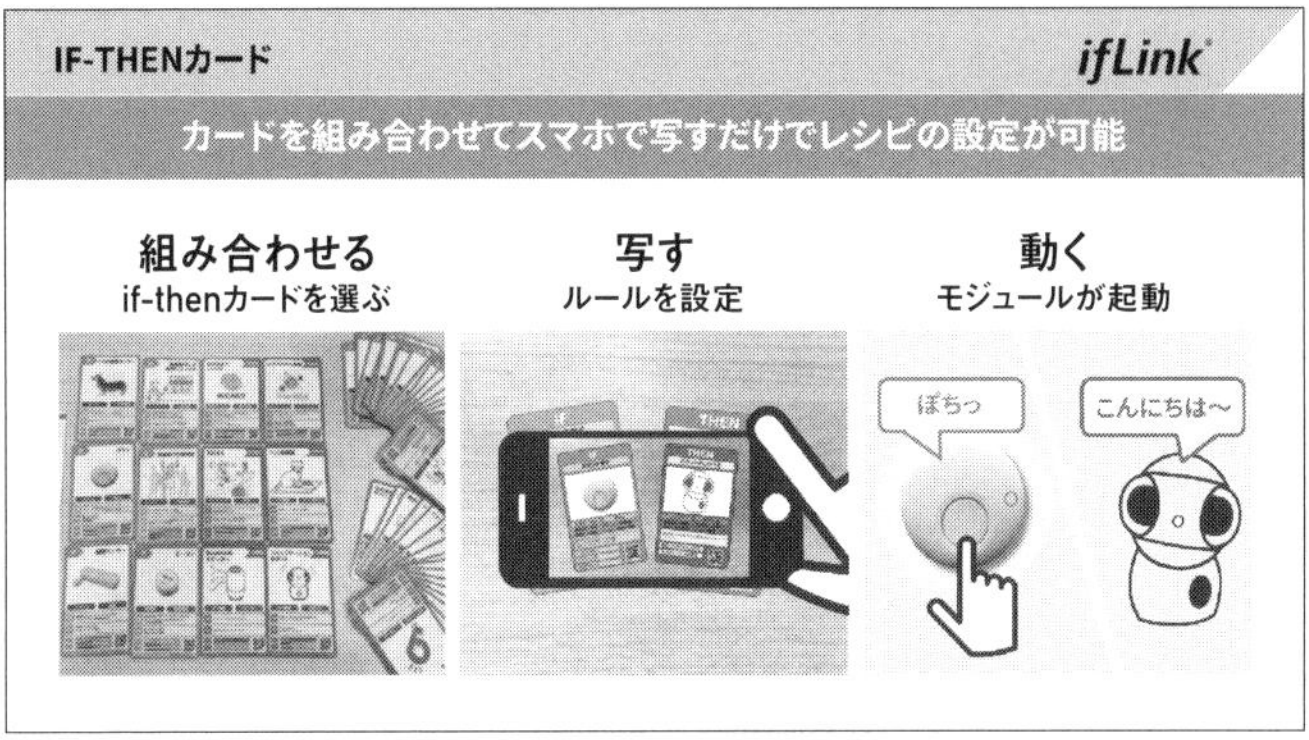

専用のIF-THENカードを用意。カードを並べてアプリで写真を撮るだけで、プログラミング不要で、IoTルールを設定できる

ーの枠を超えて自由につないでＩｏＴサービスを作ることができます。

例えば、温度センサーとエアコンをつないで「部屋の温度が25℃を超えたらエアコンを付ける」、ドアセンサーとメールを組み合わせて「来客があったらメールで知らせる」といった自由なルール（ｉｆＬｉｎｋではレシピと呼ぶ）をユーザーが作れるようになります。レシピ作りは簡単で、スマートフォンのアプリ上で「ＩＦ（発生条件）」モジュールと「ＴＨＥＮ（アクション）」モジュールを設定するだけ。直感的に使うことができ、プログラミングの知識やスキルがなくても作れるのが特徴です。

現在、IF側の対応モジュールには温度・湿度センサー、ドア開閉センサー、人感センサーなど各種センサー類やGPS（全地球測位システム）トラッカー、電話機などがあります。一方THEN側には電源タップや赤外線リモコン、加湿器、音声合成、メール送信、ドローン、カメラなどの多彩なモジュールが用意されており、対応機器は増え続けています。

ifLinkもスマートレシート同様、普及の鍵となるのはユーザーです。ユーザーが「ハブ」となって様々なIoT機器をつなぐことで、ネットワークが拡大していきます。そこでさらに手軽にレシピを作ってもらうために「IF－THENカード」というカードを作成しました。使い方は簡単で、「もしこうなったら」が書かれた「IFカード」と、「こうする」が書かれた「THENカード」を隣同士に並べて、スマートフォンアプリで写真を撮るだけ。すると自動的にアプリ上にレシピが作成され、実行できるようになります。

こうして徹底的にレシピを作りやすい環境を整えることで、プログラマーだけでなくユーザーやデバイスメーカーなど、たくさんの人がＩｏＴソリューションを生み出すことができるようになります。

そしてｉｆＬｉｎｋ上で便利なソリューションが生まれれば、それが新たなユーザーを引きつけるという好循環が生まれるでしょう。ユーザーがレシピを作り、使いたくなる仕掛けを作れば、それがスケールフリーネットワーク・ジェネレーターとなるのです。

ｉｆＬｉｎｋを多くのユーザーに使ってもらうためには、他社と協力して対応機器を増やすことも重要です。「東芝で開発した技術だから、他社には使わせたくない」などと言っていてはいつまで経っても広がりません。メーカーや業界を横断して使えてはじめて、ｉｆＬｉｎｋはその真価を発揮します。

ｉｆＬｉｎｋは決して技術的に先進的なことをしているわけではありません。仕様さえ決めれば誰でも開発できる技術です。そこで私たちはｉｆＬｉｎｋの技術仕様を公開し、誰でもｉｆＬｉｎｋ対応の機器を作れるようにしました。

さらにｉｆＬｉｎｋを中立的な立場とするため、20年3月に「一般社団法人ｉｆ

Ｌｉｎｋオープンコミュニティ」を立ち上げ、東芝の外に出しました。ｉｆＬｉｎｋの理念に共感していただいた企業や団体が交流し、機器の試作をしたり新たなサービスを共創したりするための場です。

大企業からスタートアップ、学校に至るまで１００以上の企業や団体にご賛同いただき、ｉｆＬｉｎｋの理念を実現するために活動しています。参加企業の業種も様々で、通信、保険、金融、エネルギー、鉄道、エンターテインメントと幅広い分野の方々がＩｏＴをビジネスに活用しようと、活発に交流を続けています。

20年12月現在、ｉｆＬｉｎｋにつながるモジュール数は約90個となり、会員同士のコラボレーション活動プロジェクトは20個を数えます。ｉｆＬｉｎｋで実現したいユースケースのアイデアは３００個を超えました。コロナ禍でもリモートで会員同士の交流が続き、20年8月にはその成果を発表するイベントも開催しました。

ｉｆＬｉｎｋオープンコミュニティの中からビジネスでの協業に発展した事例も出ています。今後、企業や業界を横断した取り組みがさらに増え、ＩｏＴが個人の日常生活の不満や、ビジネスの課題を解決する機会が増えると期待しています。今後は、互換性や機器同士の相性を心配せずにｉｆＬｉｎｋ対応の機器を使っていただくため、ｉｆＬｉｎｋ対応モジュールの認証事業も始める予定です。

東芝では、ほかにも様々な分野でスケールフリーネットワークを生み出す取り組みを進めています。いずれもポイントは、ユーザーの視点に立って、現在の課題や不便な点をどう解決するか、と発想すること。ユーザーが自分で「つなぎたくなる」仕掛けさえ用意できれば、それが「スケールフリーネットワーク・ジェネレーター」となり、ネットワークは拡大していくからです。

データは誰のものか

この章の最後に、データの所有権の話についても触れておきたいと思います。ネットワークでつながるということは、便利になる一方で、自分のデータが外部へ流出するリスクがあるということでもあります。自分のデータがどこでどう使われる可能性があるのか、それがクリアにならなければ、ユーザーは安心して「つなぐ」

ことができません。

現在、サイバーの世界で巨大なスケールフリーネットワークを築いているGAFAは、ユーザーの行動データをすべて独占し、そのデータを利用してビジネスを展開しています。規約で「ユーザーのデータを第三者に提供しない」とうたっていても、「自分で利用しない」というわけではありません。

私は、一つの企業がユーザーのデータを握っている状況には問題があると思っています。なぜなら、ユーザーデータのオーナーは、ユーザー自身であるべきだからです。データを考える際は「企業」ではなく「人」が中心であるべきです。一社がデータを独占するのではなく、本人の許可のもと、必要な場所でシェアされるべきでしょう。そこで東芝では、さらなるデータ社会の到来を見据えて、データの取り扱いに関する方針を明確にすることにしました。

そのベースとなる考え方は、「人を起源とするすべてのデータは、本人に権利がある」ということ。その上で、以下の3つのルールを定めました。

・自分のデータを確認しコントロールできること
・自分のデータを自由に移動できること
・データをつなぐのは自分自身で行うこと

今後東芝で提供するサービスはすべて、上記ルールに基づいて個人のデータを取り扱っていきます。

人を中心と考えると、プライバシーに関する議論や視点がいち企業内での議論にとどまるのは理想的とは言えません。そこで東芝データでは外部の専門家を集めた社外有識者会議を設置し、公正かつ中立的な視点から個人のプライバシーや個人情報保護について助言をいただける体制を作りました。

私は、データがつながることで、便利で豊かで安心な社会が実現できると信じています。だからこそ、個人が安心してデータを提供できる環境を作らなくてはならない。スケールフリーネットワークを作る上でも、「データの所有権が誰にあるのか」は常に意識し、明確にしておかなければならないと考えています。

自分から発信すれば、必ず何かが返ってくる

谷《たに》田《だ》千《せん》里《り》氏

タニタ代表取締役社長

「はかる」を通して人々の健康作りに貢献する、タニタ。体組成計や体温計など、各種計測機器メーカーを出発点として、現在はウェブリービスやアプリによるデータ活用にも積極的に取り組んでいる。同社を一躍有名にした「タニタ食堂」は、外部とのコラボレーションの産物だ。典型的な日本のモノづくり企業だったタニタが、どのようにオープンな企業へと変わっていったのか。

「はかる」を通して人々の健康作りに貢献する、タニタ。体組成計や体温計など、各種健康計測機器の製造・販売を手がけるほか、現在はウェブサービスやアプリによるデータ活用にも積極的に取り組んでいる。同社を一躍有名にした「タニタ食堂」は、出版社とのコラボレーションをきっかけに始まった。典型的な日本のもの

づくり企業だったタニタが、どのようにしてオープンな企業へと変わっていったのか。谷田千里社長に話を聞いた。

タニタがオープンになった理由

島田：谷田社長、今回はありがとうございます。

谷田：こちらこそ、ありがとうございます。

島田：さて、タニタは「つながる」ことを意識した製品を多く出されていますね。体組成計や活動量計の測定データをアップして健康管理ができるウェブサービス「からだカルテ」やスマートフォンアプリ「ヘルスプラネット」を展開しています。さらに外部のパートナーサイトとも積極的に連携していて、「つながる」ことに関してオープンな印象があります。何かきっかけはあったのでしょうか。

谷田：私たちも、もともとはほとんどの日本企業さんと一緒で、（ネットワークにつながらない）スタンドアローンの製品を作っていました。父が社長の時代です。ネットワークにつながるような機器を少し作り始めたくらいのタイミングで、社長を交代しました。

社長になって、スタンドアローン製品を作り続けるか、ネットワーク対応の製品を増やしていくのかを考えたときに「今からスタンドアローン製品に注力することはないいな」と思ったのです。

当時、私たちが作っていた製品はコピーすることが可能で、中国やインドで作られた安価な製品も出回り始めていました。そんな状況でしたから「ネットワークをやるしかない」というのはかっこいい選択というより、尻に火がついた状態でやむなく選んだというのが実情です。ものづくりの志向がオープンになっていったのは、そんな理由です。

島田：必要に迫られた選択、という面もあったのですね。

谷田：もうひとつのきっかけは、幸運なことに2010年にレシピ本（『体脂肪計タニタの社員食堂～500kcalのまんぷく定食～』大和書房）がヒットしたことでした。本をきっかけにお客様から「食べてみたい」と言っていただけることが増え、タニタ食堂をオープンすることになりました。

私たちは製造業でしたが、1店舗でもサービス業をやってみたことで、お客さまの「タニタ」のイメージがすごく上がったのです。期せずしてそんないいイメージができたものですから、イメージに合うように、自分も含め社員みんなが背伸びをするようになり、マインドが変わっていったように思います。

また「タニタ食堂」というブランドができたことで、お菓子やお弁当、お味噌などを手がける、これまであまり接点がなかった多くの企業様からコラボレーションのお話をいただき、社内のプロジェクトと並行して社外とのプロジェクトがいくつも走るようになりました。

レシピ本を除けば、社外とのコラボレーションというのは私たちにとってほぼ初めてのような経験でしたが、やってみるとうまくいくことが多かったのです。それは当然で、社外の方々は、私たちにはない知見をたくさんお持ちですから。社内プロジェクトと社外プロジェクトを比べると、明らかに後者の勝率が高いということが分かってきました。

この経験も踏まえて、ものづくりに関しても、コミュニケーション面でも、すんなりとオープンになっていきましたね。

島田：とはいえ、長年続いてきた社内の空気を変えていくのは簡単ではなかったのではないでしょうか。どうやって変えていったのですか。

谷田：そうですね。私が継いだとき、業績は下降トレンドで、決して安泰という状況ではありませんでした。負のスパイラルに入っているような状態でした。おかげさまで今は上昇のスパイラルに変わりましたが、当時は何かを変える必要がありました。

「変えよう」と言っても、社員には自分や家族の生活がありますから、いきなり今やっていることをやめて新しい挑戦をしよう、というのは難しいわけです。そこで、まず安心して業務に取り組んでもらえる環境が必要でした。「この2、3年は業績が落ちても大丈夫、定期昇給もボーナスもきちんと出すからがんばろう」という話をした瞬間に、社員たちが業務やお客様の方を向いてくれるようになったと思います。そこに気がつくのに少し時間がかかってしまいましたが、逆に気づいてからは「なんでこんなにうまくいくのだろう」と驚くほどうまく回るようになりました。

島田：私たちのスマートレシートは100社以上のパートナー企業に参加していただいています。その中でも、タニタさんは特に決断が早く、動きも早いという印象があります。やはり人事改革などを通じて「新しいことに挑戦して、しかも成功した」という成功体験は大きいのかもしれませんね。

谷田：ありがとうございます。そうかもしれません。

島田：人事関連でいうと、谷田社長は社員の個人事業主化という新たなトライを始めましたね。個人事業主として独立する社員が増えたことで、外部とのネットワークも広がったのではないでしょうか。

谷田：広がった、どころじゃないくらいの大きな効果がありました。例えば大人気のスマートフォンゲーム『ドラゴンクエストウォーク』には消費エネルギー量の計算機能があるのですが、その監修をタニタが担当させてもらいました。歩いた距離や身長・体重をもとに消費エネルギー量を計算するとともに、それより摂取エネルギーが低いメニューをお薦めする機能です。

これは個人事業主化の仕組みを使って弊社から独立したツイッター担当が、いろいろな場所に顔を出している中でお声がけいただいた案件でした。消費エネルギー計算というだけならほかにも選択肢はあったと思いますが、とてもありがたいお話です。

私が社内で最初にこの仕組みを話した相手は総務部長なのですが、彼も独立して個人事業主となりました。今では「うちもこういう仕組みを入れたい」と多くの企業の社長さんから声をかけていただき、既に2社ほどお手伝いしていると思います。総務部長ですから、これまで外に出る機会は少なかったのですが、今ではどんどん出張に行くようになっています。

島田：個人事業主化は、会社にもいい影響を与えているんですね。

谷田：はい。全社員が個人事業主になるということはないですが、この選択肢があることで、社員のモチベーション向上にもつながっていると思います。定年もなくなりますので、能力のある人が定年後も、仮に細々とだったとしても、楽しそうに働いている姿を見るというのは、会社全体にとってもいいことだと思います。

データはモノからしか出ない

島田：タニタさんは、データの活用にも積極的に取り組んでいますね。

谷田：はい。よく経営に必要なのは「ヒト、モノ、カネ」と言いますよね。最近はこれに情報も加えて「ヒト、モノ、カネ、情報」と言うことも増えてきました。日本語がよくできてるなと思うのは、ヒトとモノが先に来るんですよね。

島田：優先順位としては、やはりヒト、モノが大事ですよね。

谷田：カネと情報が後に来るから、日本人は金や情報が苦手なのかもしれませんが（笑）。でも私が今の日本の現状を見ていて思うのは、「こんなに劣等感を抱く必要はないのに」ということです。

島田：メディアを見ていても、「衰退する日本」とか「このままではどんどん新興国に抜かれる」といった論調が目立ちますよね。

谷田：でも、私は悲観することはないと思っています。なぜなら、物事は「ヒト」と「モノ」が起こすものです。だから、島田さんがおっしゃっているように、データは「モノ」からしか出ないのです。今覇権を握っているインターネットの会社は、4番目の「情報」のところでビジネスをしているに過ぎません。「モノ」がなければ何もできないのです。私たちは「モノ」に関して一番知見を持っていて、先人たちが築いてきた日本製品に対する信用もあります。そう考えれば、日本の今後には大きなチャンスがあります。

島田：まさにその通りですね。これから二回戦が始まるわけです。一回戦は、サイバー空間上の話でした。でも二回戦は「モノ」との接続の中で起こってきます。だから日本には大きなチャンスがある、というのは完全に同意します。

谷田：日本人はものづくりが得意ですからね。今はちょっと自信をなくして、やる気をなくしているだけではないでしょうか。

島田：一方で、企業内のお金、内部留保は増えているという現状もあります。進む方向性さえきっちり決めれば、投資余力もしっかりとあるのです。

常に人を中心に考える

谷田：データを扱う上では、やはりプライバシーには最大限の注意を払う必要があります。

島田：その通りです。東芝グループには「人と、地球の、明日のために。」という経営理念があります。この言葉は、東芝にいろいろなことがあっても、最後まで残っている言葉。「人」が最初に来るんです。

私はデータ社会になって、「人」を中心に据えないといけない、人に悪さをするようなデータの活用は絶対にしてはならないと考えています。その意味で、私は現在データを独占している企業は、少し危ういい方向に行きそうになっていると見ています。人に確認を取らずにデータを勝手に使うとか、データを他人には渡さずに自分たちで独占するといったケースが目立つのです。これは日本人の考え方にはそぐわない部分ではないでしょうか。

谷田：日本は特に倫理観が高いと思います。それ自体はいいことだと思いますが、行きすぎると新しい芽が出にくい面もありますね。ちょっと失敗しただけで袋だたきに遭ってしまいますので。

島田：「問題が起きると困るから、つながないでおこう」という方向になってしまうのは困りものです。そこで大事なのは、やはり「データをどう取り扱うか」というフィロソフィーを明確にすることだと思います。

人が嫌なことはしない、自分が嫌なときは遮断できる、自分のデータがどこに使われているかが見えるといったポリシーを作り、実績を積み上げていくことで信頼を得ることが大切ですね。

データは使ってはじめて価値が出る

谷田：私は小学校から高校までキリスト教系の学校に通っていたので、小学生のころから聖書を読んでいるのですが、聖書が道徳代わりでした。数十年経っているのでうろ覚えですみませんが、たしかお金持ちの三人の息子の話だったと思います。父親が旅に出るときに、三人の息子に等分にお金を渡した。父親が帰ってみると、一人目はすべて使ってしまい、二人目はつぼに大切にしまっていた。三人目の息子はそのお金を元手に商売をして増やしていた、というような話だったと思います。この話では、子どものころは一人目の使ってしまった息子が一番ダメだと思っていました。

でも、本当は使った方がいいと思うのです、お金もデータも。二人目の息子みたいに「俺のものだ」とため込んでしまっても、何も価値を生みません。ところが、特にデータに関しては、多くの人が二番目の息子になってしまっています。

島田：データは使ってはじめて価値が出るものですからね。

谷田：例えば１９８０年のＣＤの売り上げトップ10のデータは、１９８１年なら重要かもしれませんが、今となっては使いようがない（笑）。もちろん、歴史的な価値はあるかもしれませんが。そういう意味では、お金ならつぼにとっておいても少なくとも価値を失うことはありませんが、データは10年も塩漬けにしていたら価値がなくなってしまいます。

島田：その通りですね。

谷田：私は、「ぬか漬け」に喩えることもあります。データは毎日こねていれば大丈夫。時系列で並べれば価値が出ます。ところが「データを取ったぞ！」としまい込むと、その瞬間から鮮度が落ちていきます。

じゃあどうすればいいのかというと、自分のデータを外とつなげて、空気に触れさせることが大切なのですね。少しでも外の空気に触れさせれば、「こんなにおいしくなるのか」とデータを出すメリットが見えてきます。そうすれば、せっせと毎日こねるようになる（笑）。

島田：分かりやすい喩えですね。確かに外とつながるのは大切ですし、大きなメリットがありますよね。東芝のスマートレシートは、実はもう6年くらい前からある製品なのですが、なかなかユーザーが増えなかったんです。でもこの半年で一気に拡大し、データのユースケースは100倍くらいになりました。その理由は、単純に外と交流したからです。

私は東芝に入ってからスマートレシートに目を付けて、そのデータ活用のために東芝データという会社も作りました。そのとき車谷社長に「大丈夫か」と聞かれて「こんなことができます、あれもできます」とユースケースを説明したら、「そんなにたくさん考えたのか？」と驚かれました。

でも実は、考えていないんです（笑）。人に会うごとにスマートレシートの話をしていたら、外の人からどんどんアイデアが舞い込むようになったのです。これもまた、外とつながることで価値を生む例のひとつでしょう。きっと、ほかにも日本企業の中には、こういう「もったいない」アイデアがたくさん埋もれているんだと思います。

谷田：あると思いますね。

多数決では変われない

島田：谷田さんはネットワーク型しかない、と追い込まれてネットワーク型の製品にかじを切ったとおっしゃっていましたね。追い込まれていたとはいえ、新しいことを始めるのは難しかったのではないですか。

谷田：まさにその道を通ってきたから言えるのですが、当時はスタンドアローン製品が売れていましたから、当然ネットワーク型の製品は売れませんでした。大赤字となって、「やめましょう、こんな商品は」と周りからは言われましたね。でも、それを誰かが否定しないといけません。これは多数決ではダメなのです。

今売れているものとは違う、新しいものを作るわけですから、最初は売れません。周りからして見れば「こんなので大赤字を出してどうするのですか」「売れるものを作りましょうよ」、と言いたくなるのは当然の話です。

島田：新規事業あるあるですね。

谷田：これはたぶん、どの企業でも新しい挑戦をするときは絶対通る道だと思います。でも、今の事業が、例えば10年では縮小しないかもしれないけど、30年先には小さくなることは自明という状況に置かれたら、トップが決断するしかありません。今のうちに新しいことをいくつも試してみて、そのどれが大きく育つか見守るしかない。本当にそれしかないと思います。

それに、新商品であれ新事業であれ、皆が賛成するものは、皆が知っているものです。新聞や雑誌に出ているような、「どこかで見たことがあるな」というアイデアばかりです。でもそんなアイデアは革新的とは言えませんよね。だから私は、みんなが反対しないと逆に不安になるくらいです。

島田：そうは言っても、いつも成功するわけじゃないですよね。「社長ご乱心！」となるか、「社長さすが！」となるかの違いは、どこにあるんでしょうね。

谷田：私個人の経験からすると、私は社長になる前に日本であまり働いていないのです。アメリカから帰ってきて、すぐ社長になりましたから。周りに理解者を増やすためには、少しずつ実績を出していくしかありませんでした。

いろいろな人に繰り返し話をすると、一部ですが分かってくれる人がいます。そうして地道に味方を増やしていきました。話している内容がビジネスの理に適っていれば、どこかで聞いている人たちが分かってくれる瞬間がある、とは思います。また味方になってくれた人が、自分とは違う観点から周りに説明をしてくれることもあります。

島田：最初に反対していた人の方が、後々がんばってくれたりすることもありますよね。

谷田：そういう意味では、反応がない人が一番困りますね。反対意見を聞いているうちに、自分が「そこは考えられてなかったな」ということに気づいたりもしますから。強引に進めるのではなく、きちんと話していれば、必ず味方は増えてきます。

ある程度味方が増えてきたら、あとは人に任せて自分はまた新たな発想をする方に回るということも心がけています。私はそちらの方が得意ですから。

島田：よくベンチャーの方々と話していると「ビジョンはずらさず、手段は選ばず」という意味のことをおっしゃいます。細かいことまで上の人が決めて「こうやるんだ」とやりすぎると、失敗のレシピになってしまいます。

ゴールは往々にして変わるもの

谷田：私はよく山に喩えます。最初にリーダーが「頂上に登れ」という話をする。でも、ルートは無限にあるわけです。そこで誰かがルートを決めて登り始めると、往々にしてルートの途中に岩が落ちていて通れないことがあります。でもその状況は、実際に登っている現場の人にしか見えません。岩が見えていない上の人が、いくら「なぜ登れないんだ」と怒っても、登れないものは登れません。

もうひとつよくあるケースとしては、登っているうちに「頂上を目指すのは今のタイミングじゃなかった」と気づくこともあります。そのときは、8合目まででもいいのです。現場のリーダーが「頂上を目指すのはやっぱり2年後でした」「指示された期間では、8合目まで行くのが最も合理的だから、8号目に着いたらまた状況で見直しましょう」ということもあります。ゴールというのは、最初に設定していても往々にして変わるものだと思います。

島田：山にある程度登ると、違う頂上が見えてくることもありますよね。ひとつの頂上がゴールだと思い込んでしまうと、その頂上にいつまでも登れないこともあります。

谷田：今はトランシーバーもありますし（笑）。「8合目まで来たら冬の装備が必要なことが分かりました」と報告してくれればいいのだと思います。「ここから先はこんな装備を持ったこんな人間が必要です」と言ってくれれば、そこには違うチームを送り込んで、元のチームはまた違う山を目指せばいい。ゼロから8合目まで登るチームと、頂上アタックをするチームと、元のチームは違ってもいいのです。

でも皆こだわりがありますから、元のチームが登りたがりますよね。まあ、若い人だと最後まで登らせてあげたくなることもありますが。

島田：若い人だけのチームより、いろいろな年齢の人をまぜた方がうまくいくと思いませんか。

谷田：確かに、イノベーションを起こすためには、いろいろな年齢、いろいろな考え方の人を集めた方がうまくいくことが多いと思います。

島田：決まった目標に対して突進するなら同質なチームの方がいいのかもしれませんが、「あの山を目指そう」というような大きな目標の場合は、多彩な能力や知見、やる気、そういうものを組み合わせた方が成果が出る気がします。

情報は、発信するからこそ返ってくる

島田：谷田社長は、レシピ本での気づきをきっかけに外部とのコラボレーションを

積極的に進め、さらに働き方の仕組みも含めてどんどんオープン化していっていますね。その効果は感じていますか。

谷田：いろいろ物事がうまく回るようになり、この発想で正しかったのだな、ということを実感しています。業務だけでなく、人事も含めて抱え込みすぎていたな、と気づいたので、今は「もうちょっとユルくやろうよ」とネットワークを広げることにして、自分たちから積極的に情報を発信することを心がけています。

今回の対談のお話も、まさに自分たちから発信しているからこそ、返ってきたのだと思っています。個人事業主化の仕組みについても、私たちはその思いや経緯をまとめた本を出しました。これを「新しいことをやっているけど見せないよ」と自分たちだけのものとして隠すこともできます。でも発信したからこそ返ってくるものがある。それがスケールフリーネットワークの考え方なのかなと思います。

島田：ネットワーク作りも、自分からオープンにして発信しないと何も起きません。発信すれば、どこかにレスポンスを返してくれる人がいます。そういう人とやり取りする中から、何か新しいことが生まれるのだと思います。谷田社長、本日はどうもありがとうございました。

Chapter

3

アフターデジタルの世界で日本が持つ優位性

サイバーの世界は「ごく一部」に過ぎない

現在の世界は、GAFA（グーグル、アマゾン・ドット・コム、フェイスブック、アップル）が覇権を握っています。これは彼らが圧倒的なスケールフリーネットワークを作り、ユーザーに対して新たな便益を提供したからです。例えば、グーグルはこれまで見つけられなかった情報をウェブ上で探せるようにしました。フェイスブックは、これまで知り合えなかった人と知り合う機会を作りました。あるいはアマゾンは膨大な種類の本を取りそろえ、大型書店にも置いていないような本でも見つけて買えるようにしました。

これまでできなかったことをできるようにしたことで、情報が新たな形のネットワークとしてつながり、そこに生じるデータが新たな価値を生んだのです。ユーザーにとって最も便利な場所になるから、ユーザーがそこで情報を集めるようになる。すると企業側はより多くの情報を提供するようになり、さらに多くのユーザーに使われるようになる。これがネットにおける独占の原理です。

■アマゾン・ドット・コムの戦略ストーリー

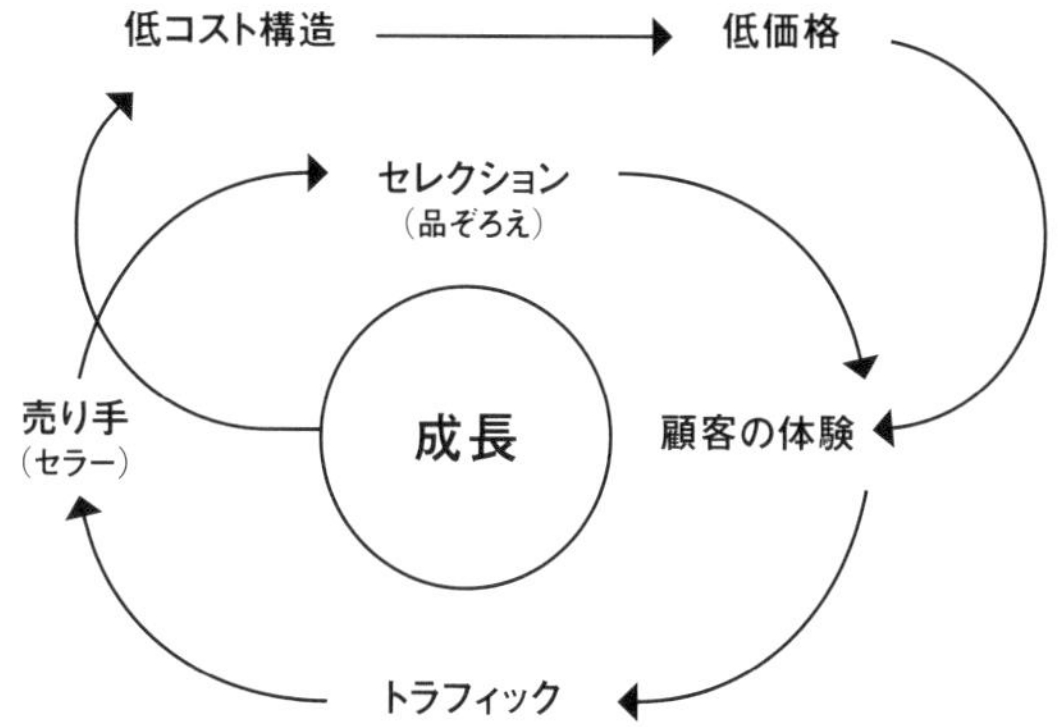

ジェフ・ベゾスがペーパーナプキンに書いたといわれる戦略ストーリー。2つのサイクルがうまく循環することでネットワークが成長する構造になっている

上の図は、アマゾンが創業間もない頃、創業者のジェフ・ベゾス氏がペーパーナプキンに描いたといわれる、アマゾンの戦略を説明した有名な図です。「成長」と書かれた円の周りにある言葉に注目してみましょう。「顧客の体験」がすごくよければ、自然とお客さんが集まり「トラフィック」が増えます。多くのお客さんが集まれば、モノが売れるようになり、多くの売り手が入ってきます。「アマゾンに牛耳られたくない」と思っていたような売り手がいても、アマゾンを使わざるを得なくなるのです。するとアマゾンの「セレクション（品ぞろえ）」が充実

し、「買いたいものを簡単に探せる」「いいものが選べる」場所となり、顧客の体験がさらに向上する、というサイクルが回るようになります。

このサイクルが成立する裏側には、世の中の商品を網羅的に提供するというアマゾンのデータ構造があります。一部の大量に売れる人気商品から、大部分のほとんど売れない商品まで膨大に取りそろえることで、一種のスケールフリーネットワークを築き上げ、そこに集まるユーザーの購買行動という貴重なデータを使ってさらなる価値を生んでいます。

ペーパーナプキンの図の、上の部分にも触れておきましょう。こちらはアマゾンが成長することで、物流には規模の経済が働くのでより低コスト構造になります。その分、顧客に低価格で商品を販売することができ、それが顧客体験の向上につながるというサイクルです。

顧客体験の向上を起点として、商品の拡充とコスト低減という2つのサイクルがうまく循環しています。この2重構造がアマゾンの独占性を生み出しているのです。

この構造は、グーグルやフェイスブックにも同じことが言えます。グーグルを使

■世界の時価総額ランキング(2020年9月)

1	アップル
2	サウジアラムコ
3	マイクロソフト
4	アマゾン・ドット・コム
5	アルファベット(グーグル)
6	アリババグループ・ホールディング
7	フェイスブック
8	テンセント・ホールディングス
9	テスラ
10	バークシャー・ハサウェイ

時価総額トップ10社のうち7社をインターネット企業が占めている

えば探しているものが見つけやすいから、ユーザーはグーグルを使う。すると情報提供側はより見つけてもらいやすいよう、グーグルの仕様に合わせて情報をアップするようになり、さらにグーグルで情報が見つけやすくなる。こうして、構造的にスケールフリーネットワークがより展開しやすくなっているのです。

では、この独占構造は変えられないのでしょうか。世界経済の主導権は、今後もGAFAに握られたままなのでしょうか。

ソフトバンクグループ会長兼社長の孫正義氏が、決算発表などで言っているこ

■インターネットの革新はあらゆる分野に広がる

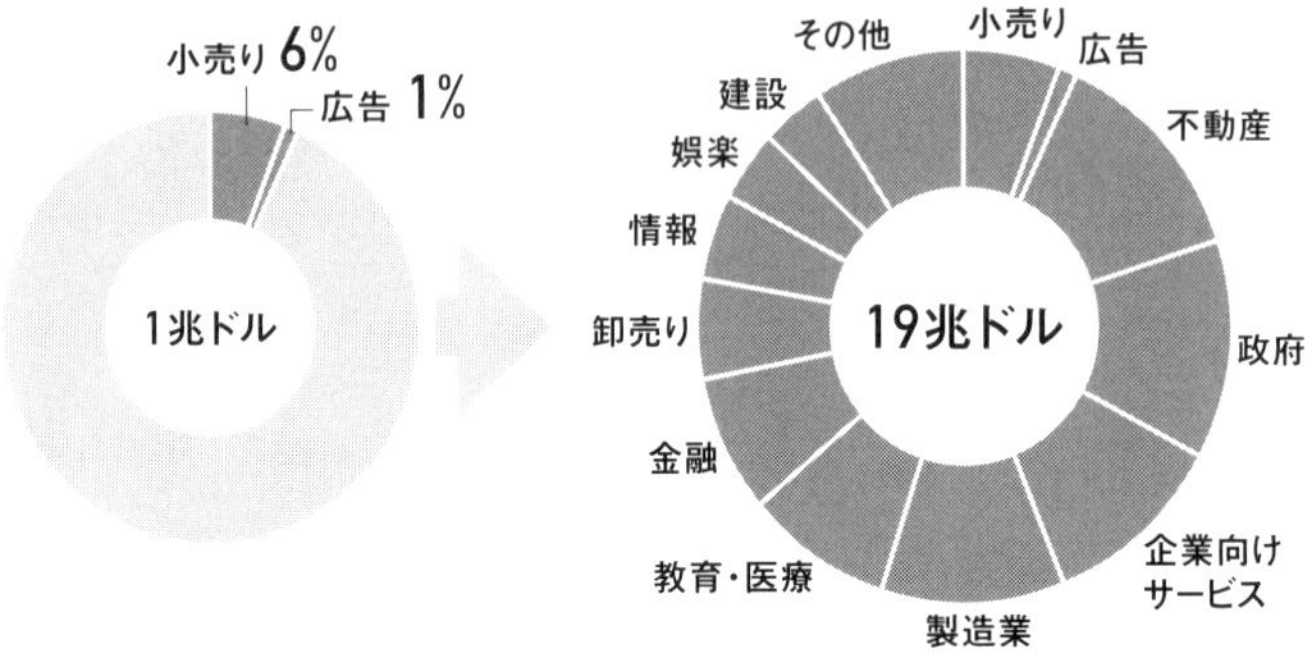

インターネットが革新を起こした分野はまだ小売りと広告だけ。サイバーとフィジカルの融合により、革新はあらゆる分野へと広がっていく

出所：ソフトバンクグループ2019年3月期決算説明会資料を基に作成

とがあります。インターネットのトラフィックは、95年当時はわずか180TB（テラバイト）程度でしたが、今は156EB（エクサバイト、エクサはテラの100万倍）にもなっており、インターネット企業の時価総額は25年間で1000倍になっています。

2019年の時価総額トップ10のうち、なんと7社までがインターネット企業でした（これは2020年も同様です）。それだけ急成長したインターネットですが、インターネット企業が革新を起こした分野は、小売りと広告だけ。この両分野の合計は、米国のGDP（国内総生産）約19兆ドルのわずか7％にしか過ぎないというのです。

つまり、残りの93％は手つかずのまま残されており、そこがサイバーとフィジカルを結びつけた、第2回戦の舞台となるのです。

フィジカルを舞台とした第2の戦いが始まる

ネット企業によって革新が起こった小売りの世界でも、EC化率は30％には到達しないと予測されています。EC化率とは、すべての購買に占めるECの割合です。皆さんも自分の生活を思い浮かべてみれば実感できると思いますが、やはりECはリアルの便利さにかなわない面があります。

コロナ禍でECの利用率が急上昇した現在でも、外出時の飲料水はコンビニエンスストアで買い、日々の食材はスーパーで買っている方が多いのではないでしょうか。

アマゾンがインターネットを使って改革を起こした小売りですら、サイバーの世界は30％に到達せず、残りの70％はフィジカルでの経済活動となります。そしてそのデータはまだほとんどと言っていいほど活用されていません。

本書の共同著者の尾原は『アフターデジタル』（藤井保文、尾原和啓著、日経BP）にも書きましたが、パソコンの時代はオンラインで注文してオフラインで受け取るO2O（Online to Offline）が中心でした。ところがスマートフォンの登場により、いつでもどこでもスマートフォンを取り出してオンラインにつながるOMO（Online Merges with Offline）、つまりオンラインとオフラインが融合した世界に変わってきています。

例えばキャッシュレス経済が進む中国では、財布を持たなくても、あらゆる場所でスマートフォンさえあれば支払いができます。レストランでもテーブルのQRコードを読み取るとスマートフォン上にメニューが表示され、注文から支払いまでスマートフォン上で完結します。

このようにリアルをデジタルで包むことにより、リアルがこれまで以上に便利になるという「アフターデジタル型」の社会が急速に進んでいます。これからは、こ

■キャッシュレス化が進む中国

キャッシュレス化が進む中国では、街の屋台でもQRコードを使って代金を支払うことができる（写真はイメージ）

ういったサイバーとフィジカルが結びつく場をどうやって作るかが重要になります。

サイバーフィジカルの空間は、すべての行動がデータとして残ります。すると各個人の行動そのものがスケールフリーネットワークとなっていきます。

従来は、例えば交通系ＩＣカードで商品を買った場合、誰がいくら使ったかは分かっても、何を買ったのかまでは分かりませんでした。現金のやり取りなら、お店側は誰がどのくらいリピートしてくれているのかは分かりません。

これが購買データを取れるようになれ

ば、誰がどんな商品を買って、どのくらいの頻度でリピートするのかがすべてデータとして可視化されていきます。そこにユーザーがメリットを感じれば、自分のデータを複数の店舗とつなぎ、さらに広い購買行動がつながってきます。つまりユーザーの行動そのものがデータ構造として残り、スケールフリーネットワークとなるのです。

そしてネットワークができると、そこにはグーグルのような存在が現れ、そのプラットフォーム上でコンテンツ制作や広告配信をする会社が登場します。スケールフリーネットワークの上で多様なプレーヤーがビジネスをするようになり、ひとつのエコシステムになります。

これまで、このような細かいデータは取ることが難しく、取ったとしても使い切れませんでした。ところがスマートフォンとソーシャルネットワークサービス、この二つが出現したことで、様々なリアルのデータが活用されるようになってきています。これはこの10年ほどで起こった大きな変化ですが、さらに重要なのは、今後20年間でさらに多くのリアルがデジタルで包まれるようになるということです。

「選択と集中」の罠

日本の経営者は「選択と集中」が苦手だと言われています。「選択と集中」は約20年にわたって米ゼネラル・エレクトリック（GE）を率いたカリスマ経営者、ジャック・ウェルチ氏によって提唱され、日本でも一気に広まった経営理論です。

企業が手がける事業のうち、利益率が高く競争力がある中核事業以外は、たとえ黒字であったとしても売却や撤退し、その経営資源を得意分野に集中することで、業績を大きく伸ばそうという考え方です。企業の体質を強化し、グローバル競争で勝ち残っていくための手法として多くの企業がこの考えを取り入れました。

この手法は、確かに環境に大きな変化がないときは有効で、実際ウェルチ氏の就任期間中、GEの業績は大きく伸びました。アメリカの企業は、このような経営スタイルを取る会社が多く、たとえ長年続けてきた事業であっても、高い利益率が望めなければ迷うことなく外へ出されてしまいます。

薄い利益率で中途半端に事業を続けるより、一番稼げるところに全力投球する。

アメリカらしい合理的な考え方です。こうしてアメリカでは低付加価値事業の多くを国外に発注するようになり、国内には高付加価値の事業が残りました。日用品からパソコンまで、コモディティーとなった「モノ」の生産は中国や途上国へと流れ、現在、アメリカではソフトウエアやサービスが企業価値の中心を占めています。

では、日本はどうでしょうか。日本でもバブル崩壊後、この「選択と集中」がもてはやされ、多くの経営者が自社の経営戦略に取り入れようとしてきました。ところが、日本人はアメリカほど合理的に見切りを付けるのが苦手です。長年育ててきた事業への愛着もあり、やめる決断がなかなかできません。

選択と集中には配置転換や人員整理が付きものですが、終身雇用制によって容易にリストラできないこともあり、大胆な「選択と集中」はなかなか進みませんでした。その結果、多様なものづくりの技術が残ったのです。

これから、あらゆる「モノ」がインターネットにつながり、ネットワークを形作って大きな価値を生み出す時代がやってきます。サイバー上だけのネットワークではなく、フィジカルな「モノ」が相互につながる、サイバーフィジカルの巨大なスケールフリーネットワークが誕生するはずです。そして、そのときこそ、多くの「ものづくり」が残された日本には大きなチャンスが到来するのです。

共産主義と資本主義の成否を分けたもの

日本に多様なものづくりが残っていることは、私たちにとって大きなチャンスです。なぜなら、将来の環境の変化に柔軟に対応していけるからです。

ユヴァル・ノア・ハラリ氏は、著書『ホモ・デウス』(河出書房新社)の中で「おそらく作り話だろう」としながらも、こんなエピソードを紹介しています。ミハイル・ゴルバチョフ時代、崩壊寸前のソ連経済を立て直すために、彼の側近がロンドンを訪れました。資本主義経済の成功の秘訣を探ろうというわけです。

一日かけてロンドンを視察して回ったこの側近は、ロンドンではどこのベーカリーを見ても行列がないことに驚きます。なにしろモスクワでは、ソ連きっての俊英たちがパンの供給体制に取り組んでいるのに、いつも長い行列ができているのです。

「一体どうやって計画を作っているのか、ぜひ供給の担当者に会わせてほしい」と案内人にリクエストする側近。困った案内人は、こう答えました。「ロンドンにはパン供給の担当者などおりません」

なぜ共産主義が失敗して資本主義が成功しているのか。ハラリは、その2つを分けた違いは「データ処理システム」だと説明します。共産主義はデータを集中処理するのに対し、資本主義は分散処理なのです。では、この2つの違いが成功と失敗を分けたのでしょうか。

思い出してください。複雑な現実世界では、誰も未来を予測することはできません。どんなに優秀な専門家だとしても、小麦の生産量やパンの需要を完璧に予測して計画を作ることはできないのです。一方、資本主義は意思決定が分散しています。たとえ誰かが予測に失敗したとしても、別の誰かがうまくやる可能性が高い。その結果、資本主義国ではパンの行列ができないというわけです。

このエピソードは、多様性の大切さを私たちに教えてくれます。「選択と集中」によって、利益率が高い事業分野だけを残せば、確かに短期的には高い競争力を発揮できるでしょう。そのときの環境に高度に適応しているからです。

でも、環境はいつ変化するか分かりません。そしてコロナ禍で誰もが実感したように、大きな変化は突然やってきます。ひとつの環境に特化しすぎてしまうと、大きな変化が訪れたときに対応できなくなってしまいます。

日本に残る多様性が価値を生む

「選択と集中」の権化のようなGEは、その後どうなったでしょうか。

GEの株価は、ジャック・ウェルチ氏が在任中の2000年前後をピークに下降を続け、今やピーク時の5分の1程度になっています。当時、利益率が高いとして「選択」された航空機エンジン事業は、直後の01年にアメリカ同時多発テロ事件で打撃を受け、現在、再びコロナ禍によって厳しい状況に置かれています。

もうひとつの柱として残した金融部門は、08年のリーマン・ショックで大きなダメージを受け、最終的にその多くを手放す選択をしました。まさに予想もしなかった環境の変化に翻弄されたと言えるでしょう。

翻って日本を眺めてみると、日本企業は幸か不幸か「選択と集中」があまり進みませんでした。そのおかげで、企業の中にはものづくりの技術や多様な製品、研究開発のタネなどがたくさん残っています。そして、一見あまり事業の役に立たないように見えるこの多様性が、これからの時代に大きな武器となってきます。多様なモノをスケールフリーネットワークという視点から組み合わせることで、思わぬイノベーションや事業アイデアが生まれてくるはずです。

一度古い技術を切り捨ててしまった企業は、今さら利益率が低いものづくりに手を出すことはできません。日本は「選択と集中」できなかったからこそ、これから訪れる「モノのインターネット」の時代に有利なポジションに立つことができるのです。

人材のビオトープの生かし方

多様性が大きな価値を生むというのは、何もモノに限ったことではなく、人材も同じです。「大ナタを振るう」ことが不得意な日本企業の中には、多様な人材が残っています。東芝もそうですが、研究開発部門に「これは果たして事業に役立つのだろうか」というような研究をしている人がいたりします。「選択と集中」が激しい会社だったら、とても残っていられないような人材です。これを私は、多様な生物が生息する豊かな自然環境であるビオトープになぞらえ、「人材のビオトープ」と呼んでいます。

東芝の研究所には何十年も前から「アンダー・ザ・テーブル」というルールがあって、1割の時間を自由に自分のやりたい研究に充てていいということになっています。研究所を歩いてみると、このルールを使って20年もかけてすごい研究をしているような人がたくさんいました。

例えば、東芝が独自開発したリチウムイオン二次電池「SCiB」は、アンダー・ザ・テーブルから生まれた製品です。燃えにくいという高い安全性と急速充電性能に加え、2万回充放電を繰り返しても劣化が少ない、マイナス30℃という低温でも使用できるといった特徴を備え、自動車や鉄道、船舶での活用が広がっています。研究所には、量子コンピューターの分野では日本トップクラスという人もいます。そんな人たちが、歴史があると言えば聞こえがいいが古さも目立つ研究所で何十年も研究を続けているのです（研究所は建て替えが決まっています）。

そういう人たちが会社を辞めず日本にいてくれるというのは、やっぱり理由があるわけです。自分が「すごい」と思う人、尊敬している人たちが周りにいるという環境、自由に研究をさせてくれる環境があるのです。でも、現在そういう人たちが存分に力を発揮しているとは言えません。

ここで必要なのは、そういう人と人をつないだ、人のスケールフリーネットワークです。自分の周りのことしか知らないと、どうしても広がりがありません。でも多様性のある人材がお互いにつながっていけば、そこにスケールフリーネットワークが生まれ、必ずやパーコレーションが起きるはずです。

日本では多様性というと、すぐに女性参加の議論になりがちです。でも視点を変えれば、日本には多様な人材がたくさんいるのです。これを生かさない手はありません。もちろん、女性参加について進めていくのは、当然のことですが。

では、どうやって人と人をつないでいけばいいのでしょうか。

ピアボーナスは人のネットワーク・ジェネレーター

東芝デジタルソリューションズでは、社員同士がお互いにクラウド上で感謝を贈り合う「ピアボーナス」制度を導入しているのですが、誰が誰にボーナスを贈ったのかを可視化してみたことがあります。すると、見事にスケールフリーネットワークになっていたのです。

部署ごとにクラスターができていて、大部分の人は部署内の人としかつながり(この場合は感謝の贈り合い)がありません。会社が樹形図構造になっている以上、これは当然のことです。ところが所々に部署間をつなぐ「ハブ」になる人がいるのです。

きっとこの人たちは社内に多くの知り合いがいて、日常的にコミュニケーションを取っているのでしょう。もしかしたら、喫煙室のような場所で他部署の人と仕事の話をして「こいつはすごい」となってボーナスをもらったのかもしれません。こうして組織図とは違うつながりができ、それが可視化されることでスケールフリーネットワークが育っていきます。ピアボーナスという制度は、ネットワーク型のフラットな組織を推進するための、スケールフリーネットワーク・ジェネレーターになるのではないでしょうか。

よくフラットな組織とかアジャイルな組織を目指そうなどといわれますが、上司や部下という縦のつながりとは違う、柔軟なネットワーク型の人間関係を持っている組織が強いのです。外資系のコンサルティング会社などは「ノウハウ（Ｋｎｏｗ Ｈｏｗ）」ではなく「ノウフー（Ｋｎｏｗ Ｗｈｏ）」が重要だといって、人と人をつなぐような人事システムを推進しています。何か実現したいことがあるとき、それを社内の誰に聞けばいいのかを検索できるシステムですが、スケールフリーネットワークの構築をシステムによってサポートしていると言えるでしょう。

このように、どんな仕組みでスケールフリーネットワークを生み出すのか、何をスケールフリーネットワーク・ジェネレーターとするかは、ネットワークの力を活用する上で重要な問題です。

フェイスブックやインスタグラムでは「いいね！」や「フォロー」がその役割を果たしています。自分のフィードに次々と写真が流れてきて、「いいね！」「いいね！」とクリックすればどんどんネットワークが出来上がっていきます。同じように、人と人をつなぐときも、適した方法が何かを考えなければなりません。そこがスケールフリーネットワークを作るときの一番のポイントとなります。

モノ、サービス、データをすべて手がける
ＣＰＳカンパニーを目指す

車谷暢昭《くるまたにのぶあき》氏

東芝代表執行役社長 CEO

東芝代表執行役社長 CEO。1980年4月に三井銀行（当時）入行。三井住友銀行取締役兼副頭取執行役員を務めた後、シーヴィーシー・アジア・パシフィック・ジャパン会長兼共同代表を経て、18年4月に東芝代表執行役会長 CEOに就任。東芝の復活の道のりを示した「東芝Nextプラン」を策定するなど、強力なリーダーシップを発揮して早期黒字化に貢献。20年4月より現職。

ＣＰＳ（サイバーフィジカルシステム）テクノロジーカンパニーという新しい事業モデルを目指す東芝。その動きを強力に主導するのが、２０１８年４月に同社ＣＥＯ（最高経営責任者）に就任した車谷暢昭氏だ。東芝を立て直し、事業を転換するために、車谷ＣＥＯはどんなビジョンを描き、どのように歩を進めているのか。

郵 便 は が き

料金受取人払

葛西局承認

2100

差出有効期間
2021年12月31日
まで（切手不要）

134-8740

日本郵便株式会社
葛西郵便局 私書箱20号
日経BP読者サービスセンター
『スケールフリーネットワーク』係 行

ご住所	〒□□□-□□□□ □自宅 □勤務先 （いずれかに☑印を） （フリガナ） TEL（ ） —	
お名前	姓（フリガナ）	名（フリガナ）
Eメールアドレス		
お勤め先	（フリガナ） TEL（ ） —	
所属部課名	（フリガナ）	

※ご記入いただいた住所やE-mailアドレスなどに、DMやアンケートの送付、事務連絡を行う場合があります。
このほか「個人情報取得に関するご説明」（https://www.nikkeibp.co.jp/p8.html）をお読みいただき、ご同意のうえ、ご記入ください。

『スケールフリーネットワーク』

より良い作品作りのために皆さまのご意見を参考にさせていただいております。ご協力よろしくお願いします。（ご記入いただいた感想を、匿名で本書の宣伝等に使わせていただくことがあります）

A. あなたの年齢・性別・職業を教えて下さい。

年齢（　　　）歳　　性別　男・女　　職業（　　　　）

B. 本書を最初に知ったのは

1. テレビを見て（番組名　　　　）

2. 新聞・雑誌の広告を見て（新聞・雑誌名　　　　）

3. 新聞・雑誌の紹介記事を見て（新聞・雑誌名　　　　）

4. 書店で見て　5. 人にすすめられて　6. インターネット・SNSを見て

7. その他（　　　　）

C. お買い求めになった動機は（いくつでも可）

1. 内容が良さそうだったから　2. タイトルが良かったから　3. 表紙が良かったから

4. 著者が好きだから　5. 帯の内容にひかれて

6. その他（　　　　）

D. 本書の内容は

1. わかりやすかった　2. ややわかりやすかった　3. やや難しかった　4. 難しかった

E. 本書に対するご意見・ご感想、ご要望などありましたらお聞かせください。

ご協力ありがとうございました。

NB書籍

東芝代表執行役社長 CEO
車谷暢昭氏

モノを起点にプラットフォーマーを目指す

私がオファーをもらい、東芝のことや今後のビジネス環境について、いろいろと調べはじめたのは2018年2月ぐらいでした。その中で、日本のトップ企業の社長や、創業者社長といった方々とお話をさせていただいたのですが、皆さん口をそろえて「これからは情報そのものがビジネスになる」ということをおっしゃっていました。これは業種に関係なく、です。これまでは半導体だったり石油だったり、様々なモノが経済の中心にありましたが、これからはあらゆる産業でデータ、情報というものが価値創造の核になるから、そこにこそ邁進すべきであると私も確信しました。

それまでの東芝というのは、例えば原子力の会社であり、半導体の会社でしたから、どちらかというと資本を大量に使って大規模な工場を建てて、ものすごく大きなものを作る、というビジネスモデルだったんですね。これは、いわゆる戦後型の総合電機といわれるビジネスモデルで、社会に大きく貢献してきた側面はあります。

ただ、GAFA（グーグル、アマゾン・ドット・コム、フェイスブック、アップル）の登場とともに、下請け型のモデルになっていき、なかなか価値を創造できなくなってきました。大きな資本を使う事業というのは、どこかでダメになったとき、残った工場を大規模に減損する必要があり、事業としてはなかなか難しいのです。では今後どこが一番成長するのかと見ていくと、やはりデータが重要ということになります。

そんな観点から東芝はどうかと考えてみると、実は東芝は（発電用）タービンだけでも2000基以上と、世界最大規模のタービン供給をしてきた会社なんですね。つまり、よく考えるとこの分野ではプラットフォーマーなんですよ。これまでモノの供給をしてきたということは、ある意味プラットフォーマーだと言えるわけです。

例えば、今、島田氏（東芝執行役上席常務・最高デジタル責任者の島田太郎氏）が取り組んでいるPOS（販売時点情報管理）という世界も、これは国内でシェア約6割を持っています。カナダやメキシコでも1位、アメリカでは2位、中国や韓国では3位と、非常に高いシェアを持っていますから、世界最大のプラットフォーマーなんですね。

これまで総合電機として供給してきた膨大なフィジカルアセットから出てくる情

報、そこにはIoTと言われるようなモノの情報から人の情報まであります。が、これらを活用すれば今後東芝がデータカンパニーに転換できる素地は十分あると考えました。

その背景には、これからはフィジカル、つまり現実世界のモノから出てくるデータというのがデータ社会の中核になるという予測があります。これはいろいろな数値がありますが、世界全体のデジタルデータ量は、2018年当時で33ゼタ（10の21乗）バイトくらいと言われていました。ところが1ゼタバイトを超えたのも、そんなに昔の話じゃないんですよ。

1ゼタバイトから30ゼタバイトくらいまで、つまりこれまでのデータというのはインターネット上の、例えば検索エンジンとかEC（電子商取引）といった、いわゆるGAFAの世界のもので、彼らが数社で独占してしまっているわけです。それだけでも、彼らはとんでもない企業価値を築いてきたわけです。

今後、いわゆるフィジカルな世界から出てくるデータが、データ量全体の成長を牽引することは間違いありません。そうなると、今までGAFAが独占し、企業価値を形成してきたよりもはるかに大きなデータのマーケットが出現します。そして、そのデータはこれまで私たちが提供してきたハードウエアというものが主な供給源になりますよね。ですから私たちは、モノを供給しながら社会のインフラを実装し、なおかつそこに使われるサービスやデータも、私たち自身が事業化するようなモデルに変えていきたいと考えています。

これまで私たちは総合電機として、モノを売っているだけでした。そうではなく、私たちは「インフラサービス」と呼んでいますがサービスも売りたいし、そこから出てくるデータも売りたい。そうしていくと、私たちのビジネスは、下請け型のメーカーから、サービス提供企業に変わり、デジタルを活用した事業モデルに自然に変わっていく。そう考えて、私は東芝は劇的に変われるはずだという確信を持ちました。

もともと東芝にはすごい技術力があります。新しいデジタル時代の基礎を築くような、基本的な技術力があるのです。そういう意味では、東芝には非常に大きな可能性があるとは思っていました。

ただ唯一足りなかったのは、そういう素晴らしい人材や技術を生かして、ビジネス化する人。あるいはプラットフォームから出るデータをうまく使う人。そういう人が、残念ながら東芝の中にはいませんでした。外からそういう人に来てもらって、東芝の膨大なアセットをアクティベートしてもらおうということで「東芝のデジタルトランスフォーメーションをやってみないか」と島田氏に声をかけました。

変わったことと、変わらないこと

着任当初の東芝は、はっきりいえば破綻寸前でしたから、私も立て直しに注力しました。もちろん最終的にはデジタルに向かいたいのですが、まずは沈みそうな船をなんとか修理しなければなりません。沈みそうになるからには、やはり悪い場所があるわけですから。

私はそれをレガシーアセットと呼んでいましたが、たくさんある過去の負の遺産を1年で片付けようと思いました。最終的には1年半かかりましたが、少なくとも東芝が持っていた財務的なネガティブなアセットは、おおむね1年半ですべて片付けました。

もうひとつは、やはり文化的な部分というのもあるわけです。東芝は、過去を振り返ると何度か経営危機に陥りそうになり、そのたびに復活するということを繰り返しています。悪くなったところで誰かが入ってきて、いい会社になったかなと思ったら、また元に戻るというところがありましたので、そこはもう繰り返さないように文化的なアジャストメントもしなくてはいけません。そこで経営理念も見直すことにしました。

例えば、私たちのDNAは「ベンチャー企業」だということです。東芝はもともと、完全にベンチャー企業ですからね。テックベンチャーの元祖みたいな人が創業した会社ですから、研究所で生み出した技術を実用化してなんぼ、みたいな会社なんです。だからある意味、錬金術師みたいな会社ですね。

本来は錬金術師なのに、この20年くらいは「ずっと同じ仕事をしていればいいんだ」という典型的な大企業の雰囲気が漂っていました。だから東芝が本来持っていたコアのエンジンが働かなくなってしまったんですね。そしていったん止まってしまったベンチャー企業というのはつぶれてしまいます。

ただ私が見た感じでは、東芝の中には、特にエンジニアの中には、やはりベンチャー企業としてのスピリットが十分ありました。だから社内を見てとても安心しま

東芝代表執行役社長CEOの車谷暢昭氏（左）と著者（右）

した。今は東芝に脈々と息づくベンチャースピリットのようなものを掘り起こしていますので、だいぶ良くなってきたと思います。

事業ポートフォリオについても、私たちはベンチャー型ですから、どんどん入れ替えないといけません。泳ぎ続けないと死んでしまう、マグロのようなものですね。常に研究から出てきたものを事業化して、どんどん入れ替えていく会社なんです。それが停滞してしまったので、気が付いてみると、旬が過ぎたリスクだらけの事業が山のように残っていました。そこでこの数年で7事業、売り上げで約3兆円分を売却して、ほぼ片が付きました。

東芝はもうからない会社だった、という課題もありました。なぜかというと、とても「いい人」の集団だったから。とても高い値段で仕入れ先から買い取って、すごく丁寧に作って、それを安く売るという、素晴らしく「いい会社」だったのです。だから外からは非常に評判がいいわけですね。

でもそれでビジネスが続かなければ本末転倒ですから、やはり適正な価格で調達して、世界でベストだと思われる生産方式を我々の丁寧な仕事ぶりの中にビルトインしなければならない。いいものを、適正な価格で売らなければならないんです。

収益については、私は当初より、3000億円ぐらいは改善できると見込んでいましたが、約2年間で1300億円くらい改善できました。これで収益がいっぺんに4倍になりました。あと千数百億円分ぐらいは地道な努力の積み重ねで改善できますので、今後かなり良くなると思います。

これが東芝の変革のベースを作っていきます。まずは十分小さくなって、効率のいい会社になってから、拡大する。これが一番大事なんですね。事業をたくさん売ったおかげで、東芝は今、無借金なんですよ。ですから投資の余力はものすごくあります。今後は、ものづくりのところをしっかりとやりつつ、サービスとデジタル、この2つの分野に主に資本を投入して成長していきます。

勝てる分野を見極める

デジタルの部分については、デファクト化するとほかのプレーヤーがなかなか入り込めなくなるという特徴があります。ですから、どこかと競合するようなことは考えていません。我々が勝てるところと、ほかの電機メーカーさんが勝てるところというのは違うはずなので、お互い激しくたたき合うようなところには入りません。例えば、先ほど挙げたPOSの世界は、シェアを考えると他社さんが入るのは難しい分野です。

ワインに喩えると、私たちが参入するのは「いい畑がある」エリアだけです。いい畑があれば、たとえ現在は荒れた畑だったとしても、ちゃんとした醸造家が来ればいずれはロマネ・コンティのような優れたワインを出荷できるようになります。でも日当たりの悪い畑しかなければ、いくら優れた醸造家が来てもいいワインを作ることはできません。そしていいワインを作るには時間も必要になります。

東芝に対して、ほとんどの方は「原発の会社だったんじゃないの」とか、「いや『サザエさん』でしょう」というイメージをまだお持ちですよね。これは本当にありがたいことですが、何十年も培ってきた東芝のブランドはすごく大きいわけです。それがいきなり、「いや、デジタルなんです」と言っても、皆さん東芝とデジタルがつながらないですよね。だから、これには少し時間がかかるでしょう。でも、必ずやります。

これからは総合電機ではなく、インフラのサービスカンパニーであり、インフラのデータカンパニーになろうと思っています。

例えば先日、量子暗号通信システム事業の開始について発表しましたが、こういった次世代の情報セキュリティー技術でも同様です。従来は量子暗号の機械を売っていたんですね。これは総合電機型のビジネスです。そこから一歩踏み出し、量子暗号鍵の配信というサービスを提供します。さらにそこから出てくるデータを使ったデータビジネスまで手掛けます。

個人のデータと企業のデータをマッチング

ＰＯＳであれば、ＰＯＳの機械を売るというのが、従来のメーカーのビジネスです。その先、ＣＲＭ（顧客管理システム）や店舗管理みたいなサービスまで手がけるようになると、この商材を使ったサービス提供になります。さらにここから出てくるデータをスマートレシートでデータ化して、個人のデータと企業のデータをマッチングするとビッグデータビジネスになります。

データを生み出すモノ、サービス、そしてデータの３つの流れすべてを手がけられるようになるのが一番理想的な状態です。ＧＡＦＡのような従来のデータ企業は、モノの部分がなくて、いきなりサイバー上のデータだけをやっていたんですね。

ただ、サイバー上に限ったデータの爆発というのは、もうかなり止まってきていますから、今後は彼らもフィジカルの世界に入ってくるようになるでしょう。例えば、自動運転ならクルマというモノがあり、クルマのシェアリングがあり、その上に自動運転のデータが載るわけですが、やはりクルマというフィジカルなモノが必要ですよね。データの発生元が、もうフィジカルの世界に来ているわけです。ある意味、彼らはこれまで「いいとこ取り」をしてきたわけですが、フィジカルに手を出した瞬間に彼らの収益性は落ちるでしょう。

その点、私たちはモノを作ってコントロールする力を持っています。極端な話、原子力発電所から出てくるデータって、これはどこまで使えるか分からないけど、このデータのコントロールって絶対にGAFAにはできませんよね。

モノを作るというのは、ものすごく高度なことで、人命もかかってきますし、非常に難しいわけです。それこそ、お菓子を1つ作るだけでも、ものすごく大変ですよね。万が一、何かが混入してしまったら、アレルギーや食中毒で人が死ぬ可能性がありますから。ものづくりというのは本当に大変なことなので、GAFAが、そういうリアルの世界から発生するデータをすべて支配することは絶対にないと思います。

ですから、私たちにも勝機はあります。絶対勝てるところにターゲットを絞って、そこでデファクト化するという作戦を採ろうと思っています。

このデファクト化するエリアというのは、狭くていいんです。例えばタクシーと、個人がほとんど乗らないクルマの在庫というものを結び付けたのが、ライドシェアというビジネスです。クルマは日本だと約5％しか稼働してませんから、95％のストックをタクシーというモビリティーの方に動かしただけでも、グローバルにデファクト化するモデルが作れた瞬間にものすごい企業価値が生まれてきます。ですから、標準化、デファクト化ができれば、どんな狭いエリアでも軽く1兆円ぐらい出ます。ライドシェアが国内で完全に自由化されて、国内トップのベンチャー企業が出てきたら、おそらく1兆円の時価総額は軽くいくと思うんですね。

決して我々は「世界中のあらゆるものをデファクト化するんだ」と大それたことを言っているわけではありません。特にハードウエアで力があるタービンの情報やあるいは今後、分散電源になってくると電力需給を調整するVPP（バーチャルパワープラント）みたいなところ。我々なりに強みがあるところを生かして、気が付いたら「東芝という会社はインフラ企業であってサービス事業者でもある。データ事業者でもあるよね」となれれば。あくまで技術をベースにした上でのサービスを生み出し、それをもってデジタルでのポジションを取りたいなと思います。

今、大きな時価総額を持つ企業は、ほとんど自分たちでモノを作っていないですよね。他人が作ったものを組み合わせて他人に作らせ、ビジネスモデルだけで勝負をしてものすごい利益を出すというのは、何かがおかしいですよね。

私たちには、研究所の強さだったり、製造メーカーとしての伝統がありますから、ものづくりや技術の面で強みを出して、その先のサービスやデジタルデータにつなげていきたいと考えています。

Chapter

4

日本が取るべきステップとは

ＤＸを成功させるには意識を変える必要がある

本書では、これまでＤＸ（デジタルトランスフォーメーション）を成功させるにはビジネスモデルそのものを変革しなければならないことと、そのためには蓄積したアセットをオープン化してスケールフリーネットワークを作らなければならないことについて見てきました。

これができれば、日本が再び世界の覇権を握ることができるくらいの大きなインパクトがあります。ただ、その道のりは簡単ではありません。なぜなら、これまで日本企業がしてきた行動とはまったく違う行動を取らなければならないからです。

イノベーションは、起こそうとして起こせるものではありません。一時期、日本でもオープンイノベーションという言葉がもてはやされました。スタートアップと大企業が手を組み、従来にはないイノベーションを起こそうという取り組みが随所で広がりましたが、現時点でなかなかうまくいっていないのが現状です。

理由は明白で、今走っている道の延長線上にイノベーションがあるわけではないからです。人やモノが集まる「場」を作り、何かが起こることを信じて待つ。すべてを自分で作り上げようとするのではなく、できるだけ多くの人を巻き込み、パーコレーションが起きるようなタネをどんどん仕込んでいくような動き方が重要になります。

ここが多くの日本の企業にとって難しいところではないでしょうか。ものづくりの世界では、計画性を重視することが当たり前でした。ものづくりは使う人の安全性に直接関わるものが多いのが特徴です。「飛行機を飛ばしてみて、落ちたら直そう」というわけにはいかなかったのです。

ところが、スケールフリーネットワークを作るときは、考え方を大きく変える必要があります。予定通りに物事が進むわけではないので、3年計画、5年計画は立てられません。最初に「どこを目指すのか」を明確にし、手段は状況に応じて柔軟に変えていくような進め方が必要です。

真のDXとは、ビジネスモデルや組織体系、社員の意識、仕事の進め方など、あらゆるものを根本から変えるような変革です。一足飛びに実現できるようなものではありません。ではDXを目指すとき、どのように進めていけばいいのでしょうか。

その一例として、本章では私が東芝の中でどのようにしてDXを進めているかをご紹介します。私が2018年に着任してから約2年、東芝は大きく変わりました。DXを実現し、サービスやデータを主軸に添えたCPS（サイバーフィジカルシステム）テクノロジー企業に生まれ変わる、という考え方が浸透し始めています。第3章で紹介した「スマートレシート」や「ifLink」をはじめとして、幅広い分野で多くの新たなビジネスアイデアが生まれています。

DXのための3ステップ

DXを進めるに当たり、私は3つのステップを設定しました。まずDXとは何かを「定義」し、次にそれを「定着」させる。そして最後に「全社に適用」するというステップです。順に説明します。

■DXを進めるための3ステップ

ステップ	定義	定着	展開
やること	「DXとは何か」を定義し、理解する	自分の身に置き換え、実際に取り組んでみる	全社に展開する
東芝における取り組み	3カ月間で200回以上のプレゼンをして社員の意識改革を促した	ピッチ大会を開催し、DXを「自分ごと化」して考えてもらった	未実施（まだ全社展開のステップには到達していない）

一足飛びにDXを目指しても、実現は難しい。以降のために3段階のステップを設定し、時間をかけて進める必要がある

ステップ1：自社が目指すDXを定義する

ＤＸの第一段階、それは「定義」です。まずは自分たちが目指すＤＸが何かということを明確にし、それを全社で共有するところから始めます。

自分たちがどこを目指すのかが分からなければ、歩き始めることはできません。そして皆が同じ方向に歩まなくては、いつまで経っても目的地にたどり着きません。

そこで私は「東芝が何を目指すのか」を資料にまとめて、社内の各所でプレゼンテーションして回りました。まず経営陣に向けてプレゼンテーションし、それから関連会社の取締役、社外取締役、さらに各事業

部長、さらにその下の部署と、かなりの回数を重ねました。おそらく3カ月で200回以上はプレゼンを繰り返したのではないかと思います。東芝は府中に工場があるのですが、そこでプレゼンテーションしたときは、なんと600人近くが集まってくれました。

プレゼンテーションで話した内容は、本書の内容と重なります。既に皆さまもご存じの「スケールフリーネットワーク」の破壊力について説明し、私たちはサイバーとフィジカルを組み合わせたスケールフリーネットワークを作ることをDXの最終目標としました。

ただし、私たちがその段階に達するには長い時間が必要です。これまで「モノを作って売る」というビジネスをやってきた東芝にとって、いきなり「モノは売らない、データで稼ぐ」と言ってもすぐにできるものではないからです。

DXにたどり着くためには、まず準備段階としてバリューチェーンの範囲を広げていく、ビジネス範囲の再定義という段階を通らなくてはなりません。私はこれを「DE（デジタルエボリューション）」と呼ぶことにしました。

詳しく説明すると、ＤＥというのは、今あるビジネスをデジタル化することです。でもただデジタル化しただけでは、売り上げは下がってしまいます。例えば工作機械を販売する場合を考えてみましょう。

工作機械にＩｏＴデバイスを入れると、納入した機械の状態をモニターできるようになります。すると、ひとつの部品を故障しそうなタイミングになるまで使い続けられるようになるわけです。従来は故障タイミングが分からないから、余裕を見て定期交換していたような部品を、本当に壊れそうになるまで使えるようになります。

工作機械を導入するような現場では、多くの場合、顧客側で交換用の部品を「補用品」として持っていて、顧客自身が保守管理をしています。部品をより長く使えるようになれば、補用品のコストが下がりますから、大歓迎でしょう。一方、工作機械を販売する側としては、デジタル化によって売り上げが減ってしまうという結果になってしまいます。

デジタル化やＩｏＴでは、往々にしてこのようなことが起こります。デジタル技術を使って従来あったムダを省けるようになりますが、省いた分だけ売り上げが小さくなってしまうんです。いわば自分で自分の首を絞めるようなものです。

それでも競合もデジタル化を進めますから、自分たちもやらざるを得ない。がんばってデジタル化やＩｏＴ化を進めた結果、売り上げが小さくなってしまう。それが日本の「デジタル化」の現実ではないでしょうか。

この状況から抜け出すには、自社のビジネス範囲を再定義することが必要です。

例えば前述の工作機械の例であれば、顧客側のオペレーションを自社のビジネス範囲に取り込むわけです。これまで顧客側で担っていた保守管理の仕事を、自社で引き受けて、より安いコストで提供する。ＩｏＴによって保守管理のコスト自体を下げられますから、それでもちゃんと利益が出るはずです。

顧客にとっては保守部門を抱えずに済み、コストが下がる。一方、提供側からすれば、努力してコストダウンした分はそのまま自社の利益になります。さらにそこで顧客側のオペレーションが分かってくれば、それを横展開してほかの顧客のメンテナンスも手がけられるようになります。

工作機械の「販売」から「サービス提供」へとビジネス範囲を拡大し、再定義する。この「DE」を実行することが、次の段階である「DX」への移行の準備になるのです。

私が以前勤めていたシーメンスのCTO（最高技術責任者）は「バリューチェーンを短縮しろ」とよく話していました。「バリューチェーンをそのままにしてデジタル化だけを進めても全員が苦しくなるだけだ」と。

日本の企業は、「ここから先はお客さんのやる仕事ですから」といって区切ってしまう傾向にあります。だから仕事の分担の範囲が、日本と諸外国、特に新興国とでは大きく違っています。

鉄道を見れば明らかです。日本には何十年も前に組み立てられた枠組みがそのまま残っています。オペレーションは国鉄、運行管理システムはこの会社とこの会社、車両の製造ならこの会社、という具合にそれぞれ分担があります。

これから新しく電車を作ろうとしている国からすると、この分担がよく分かりません。日本に頼むと、すごい数の企業が来てそれぞれ製品やサービスを紹介される。

一方、海外メーカーはさらに広い範囲で提案をしてくる会社が存在するのです。

これはすごく単純化した一例ですが、現在、私たちが「ビジネスの範囲はここまで」と思っているのは、数十年前にビジネスを始めたときに決めた役割分担というだけのこと。技術や製品が変わってきたら、バリューチェーンもう一度最適化していかなければなりません。

もちろんその中では、仕事を奪われてしまったり、退場せざるを得なかったりする会社も出てくるかもしれません。日本人はこうした変化を嫌うため、結果として全員が真綿で首を絞めるようにして徐々に苦しむような状況になってしまいがちなのです。

デジタル化とともに、自社のビジネス範囲を再定義し、稼ぐポイントをずらしていく。それがDEです。

DEの段階を経て、次に来るのがDXです。DEは、ハードウエアの販売からサービスへの転換でした。私はよく「ハードウエアを売らないでください」と言うのですが、ハードウエアを売らずにサービスを買ってもらえるようにするには、様々な工夫が必要です。ハードウエアよりもサービスを購入した方がお得である、便利であるといった明確な理由を作らなくてはなりません。DEを通してサービス提供を磨き上げることが、次のDXに生きてくるのです。

ではDXとは何かというと、サービスのエコシステム化、プラットフォーム化です。本書でこれまで見てきたように、製品の一部をオープン化し、サイバーとフィジカルを組み合わせたスケールフリーネットワークを構築すること、そこから得られるデータを活用して新たな価値を生み出していくこと。それが最終的に目指すべきDXです。

最終的にDXを目指すのに、なぜ前段階としてDEのステップを踏まなければならないのか。それは、DXを実現するには丁寧な作り込みが必要だからです。デジタル化に合わせてビジネスモデルを作り変えていき、製品もネットワーク経由でアクセスできるよう対応させていく。細かいところまでしっかり作り込んでおかないと、いきなりDXの領域には行けません。

2000年代中頃、GEが産業機器のIoTプラットフォーム「Predix

（プレディクス）」を発表し、製造業界が大騒ぎになったことがあります。確かに素晴らしいプラットフォーム戦略だったのですが、結局、成功しませんでした。それは、DEの段階を飛ばしてしまったことで、ビジネスモデルの面でも技術面でも完成度が低く、プラットフォームとしての使い勝手が悪かったためだと考えています。

ステップ2：「自分ごと」として定着させる

ステップ1で自社にとってのDXを定義し、それを社内で共有したら、ステップ2は「定着」です。いくら言葉で説明され、頭で分かったとしても、それを「自分ごと」として行動や普段の業務、考え方に反映できるかは別問題。そこで社員たちに自分に置き換えて考えてもらう機会を作るのです。

私は以前から、いわゆるコンサルタントのような仕事をしており、この「自分ごと」の重要性を感じていました。顧客企業のところへ行ってDXのプレゼンテーションをして事例を説明すると「こんなことできるのか」と感心します。しかし、よくよく聞いてみると「うちでは無理だね、業態が違うから」という反応が返ってくる。他社事例を聞くだけでは、まだ人ごとなのです。そこで「御社であれば、例えばこの製品をこうすることです」と具体的に説明すると、そこではじめて「えっ！」と驚き、気がつくのです。

ですから、東芝でもDXの考え方を「自分ごと」にする定着のステップは必ず必要だと考えていました。そこで実施したのが、ピッチ大会です。今まで説明したDE、DXの考え方を自分の事業に置き換えて、徹底的に考えてもらうのです。このパターンを使って、例えばどうすればサブスクリプションビジネスに転換できるか、というアイデアを考えてもらいました。

すると、なんと1カ月に80個もアイデアが出てきたのです。各分野で考えてもらったアイデアのうち、厳選されたものだけが私のところに上がってきているはずですから、その前に出てきたアイデアはもっとたくさんあったことでしょう。その中でも特に有望なものを選別し、社長の前でピッチしました。いずれも素晴らしいアイデアで、経営陣も驚いていました。

こうしたピッチ大会を既に3回実施していて、そのうち48個のアイデアは事業化に向けて活動しています。もともと東芝の中には、それだけデジタル化について考えている人がいた、ということかもしれません。

ピッチ大会によって、社内の人と人がつながったという効果もありました。非常に多くの社員がピッチ大会を見ていて、あちこちで「こんなことを考えている人がいたのか」「実は私も」というつながりが生まれたのです。

同じことを考えている人同士で集まりましょうということで、マイクロソフトのコラボレーションツール「Ｔｅａｍｓ（チームズ）」上に互いが会話できるルーム（部屋）を作ることにしました。すると、部署を超えて人が集まり、話し始めたのです。ある意味、縦割りだった組織から、スケールフリーネットワークのようなつながりが生まれてきたわけです。

こうして生まれたアイデアは、事業部内に収まらないものもたくさんありました。事業部単位で考えていてはうまくいかないようなアイデアが、ピッチという場をきっかけとしてどんどん出てきたのです。そこで事業部を横断しないとできないようなアイデアに関しては、中心メンバーを連れてきて予算を付け、プロジェクト化して進めることにしました。

その中のひとつが、第2章で紹介した「ｉｆＬｉｎｋ」です。ｉｆＬｉｎｋは東芝社内にも収まらないので、コンソーシアムを作り会社の外へ出しました。「スマートレシート」は東芝データという別会社を作り、より中立的な立場で進められるように体制を作っています。

このようにステップ2の「定着」の段階までくると、会社自体に変化が生まれ始めます。社員の意識が大きく変わって柔軟なアイデアが自発的に出るようになり、組織も縦割りの体制が弱まります。よりフラットでスケールフリーネットワーク的な結びつきを持つ組織に変わっていくのです。

ステップ3：全社に展開する

最後のステップは、ＤＸの手法を全社に適用していくことです。トランスフォーメーションするということは、今まで自分たちが本業としていた仕事をやめるということ、つまりビジネスモデルの転換そのものです。

トランスフォーメーションという観点で見ると、実は日本でも数多くの企業がビジネスモデルを転換させてきました。例えば、富士フイルムは写真フィルムからスタートしましたが、フィルムカメラが激減するという大きな変化に見舞われ、今では化粧品や医療製品、オフィス機器などが中心事業になっています。また、豊田自動織機からトヨタ自動車が生まれたり、富士電機から富士通が生まれたりしたように、第二の創業、第三の創業をしてきた会社はたくさんあります。

では、デジタルによるトランスフォーメーションの最大の特徴は何でしょうか。デジタル技術はスケールフリーネットワークが作りやすいということです。スケーラビリティーがあるため、うまくその特徴を活用すれば、非常に大きな市場を生み出すことができるのです。

これから二回戦が始まる

この20～30年を振り返ると、スケールフリーネットワークの力をいち早く利用した米国の一人勝ち状態で、日本もヨーロッパも守勢に回る一方でした。ところが、サイバーだけに閉じたスケールフリーネットワークはそろそろ飽和状態になりつつあります。次なる戦いの場となるのは、リアルな世界を舞台にしたスケールフリーネットワーク。サイバーとフィジカルをつないだネットワークです。サイバー上のデータが2割だとすれば、残りの8割のデータはいまだ手つかずのままフィジカルに閉じ込められています。

これから始まる二回戦。フィジカルの資産がたくさん残された日本は、必ずや優位な立場に立つことができるでしょう。ただし、その強みを生かすためには開かれたネットワークを作ることが重要です。自社製品のうち、本当に大切なところはキープしながらも、接続部分は仕様をオープンにして他社の製品やサービスも含めて自由につながれるようにすること。参加者が多ければ多いほど、大きなネットワークが生まれるからです。そしてスケールフリーネットワークは、つながればつながるほど大きな価値が生まれます。

例えば、世界中で稼働している建設機械が、メーカーに関係なくすべて同じ仕様でネットワークにつながったらどうなるでしょうか。あるいは、田植え機からコンバイン、トラクターまで稲作に使うすべての機械からデータが集まり、蓄積されていったらどうなるでしょうか。これまで分断されていたり、階層構造を取っていたりしていたものがフラットにつながることで、今までにない新たな付加価値が生まれてくるということが、製造業にとどまらず、あらゆる分野で起きてくるでしょう。

スケールフリーネットワークは、自社だけで作ろうとしてもうまくいきません。小さな星雲がつながるがごとく、様々な企業のネットワークがつながり、プラットフォームが重なり合うことで広がっていくのです。

スケールフリーネットワークは、先行者がハブになりやすいという性質を持っています。いち早くリスクをとってアセットをオープン化すれば、それだけ大きな利益を受けやすいといえるでしょう。また後発で参入する場合でも、先行者にリンクを貼るとともに、自分の得意分野で独自のリンクを増やしていくことで独自性のあるハブになっていくことができます。つまり、大企業だけでなく、中小企業も含めて誰もがスケールフリーネットワークにつながるメリットがあるのです。

「オープン化する」と言うと先進的な響きがありますが、その本質は昔から大阪の商売人が言っていたことと変わりません。つまり、「セコいやつはあかん」ということです。自分だけで独占しようとしても、長い目で見たら成長できません。木が枯れるようにして衰退していくだけです。

みんなのためになることをすれば、自分のためにもなります。誰もがつながれるようなオープンなネットワークを作れば、必ずや自社にも大きなメリットが返ってきます。また、データを自由に活用できるようなネットワークができれば、ビジネス面だけでなく、暮らしやすい社会を実現することにもつながります。

本書を読んでくださった皆さまの中には、各分野で活躍されている方も多いと思います。ぜひご自分の事業分野でオープンなネットワークを構築したり、あるいは参加してその一部となったりすることで、スケールフリーネットワークの力を最大限活用してください。そして一緒に日本の明るい未来を作っていきましょう。

Chapter

5

発想を転換できれば、日本にはチャンスがある

対談

松尾《まつお》 豊《ゆたか》氏

東京大学大学院工学系研究科
人工物工学研究センター
技術経営戦略学専攻 教授

2002年東京大学大学院工学系研究科電子情報工学の博士課程を修了し、産業技術総合研究所の研究員に。05年にスタンフォード大学CSLIの客員研究員を務め、東京大学大学院工学系研究科の准教授、特任准教授を経て現職。日本ディープラーニング協会理事長、ソフトバンクグループの社外取締役、人工知能学会理事。

人工知能、ディープラーニング、ウェブ工学、ネットワーク研究など幅広い分野で活躍する松尾教授。研究のかたわら、起業家を育成したり企業と組んでプロジェクトを進めたりするなど、ビジネスへの取り組みも積極的だ。日本がこれから目指すべき道について話を聞いた。

脳の構造は、制約がなければスケールフリーかもしれない

島田：本日はありがとうございます。ウェブページのリンク構造や、フェイスブックのネットワークなど、幅広い分野でスケールフリーネットワークがあることが分かっていますね。今後、モノがインターネットにつながる時代には、サイバーフィジカルの世界でスケールフリーネットワークが構築できれば、日本には再びチャンスがある、と考えています。

松尾：スケールフリーネットワークは非常に興味深いですよね。私は以前研究していたことがあり、解説を書いたこともあります。約20年前にアルバート＝ラズロ・バラバシ教授が提唱して、いろいろな現象の背後に実はスケールフリーがあるということが分かってきました。

スケールフリーネットワークが出現する原理も、実は様々です。例えば、プリファレンシャル・アタッチメントといって、既にリンク数が多いノードの方がそうでないノードよりリンクを引き込む力が強いとスケールフリーが生まれるとか、コネ

クティング・ネイバーズといって、近くのノード同士がまたエッジでつながるという現象が積み重なるとスケールフリーが生まれるとか。様々なモデルが提案されていて非常に面白い分野です。

アマゾン・ドット・コムの商品のロングテール性とか、人間関係とか、島田さんがおっしゃるようにGAFA（グーグル、アマゾン、フェイスブック、アップル）はスケールフリーをうまく使いこなしているのかもしれません。スケールフリーネットワークをうまく生かすことができれば、高い競争力を発揮できるというのは、まさにその通りだと思います。これまではサイバー上での話でしたので、サイバーフィジカルの世界で同様のネットワークをどう作るかというのは、今の大きなチャレンジだと思います。

私の分野に近いところで言うと、例えば産業ロボットの分野では、ロボットの制御というのは各ロボットの学習データをクラウドにアップして、集まったデータを利用して学習させるんですね。学習データが多ければ多いほど効果的な学習ができますから、構造的にほぼ独占になっていくんです。これなどはスケールフリーネットワークになりそうだな、とお話を聞きながら思いました。

島田：松尾先生が以前、講演で触れていた米パーム創業者のジェフ・ホーキンス氏の『On Intellignece（邦題：考える脳 考えるコンピューター、ランダムハウス講談社・2005）』を読むと、クラウドで学習した内容がエッジ側にプッシュバックされて、エッジ側で判断できないことがクラウドに戻るというループの話が出てきますが、この関係とスケールフリーとの類似性を感じました。

松尾：そうですね。たぶんそれは同じ話だと思います。あの本では脳の構造について触れられていましたが、脳は確かに生物的な制約がなければスケールフリー構造になっていくのかもしれませんね。でも、物理的にそんなコネクションを貼れない、シナプスがそんなに結合できないという制約があって、完全なスケールフリーネットワークにはなっていません。

島田：物理的な制約がありますからね。

松尾：そうですね。脳はやはり物理的なものですから、例えば脳にシワがたくさんあるというのも、制約の中でできる限り表面積を大きくしようとして中から一生懸命引っ張ると、ああいう形になるということですから。理想と、物理的制約のせめぎ合いなのかもしれません。

スパースモデリングという少ないデータから情報を抽出する方法がありますが、脳にもニューロンの発火頻度を一定に抑えるという制約があるんですね。過剰に発火してしまうと、いわゆるてんかんのような症状が起きてしまうのです。そこで、情報の仕組みとしてはスケールフリーにしていきたいけど、脳のネットワークとしてはそうならないような制約を一生懸命かけているのかもしれません。

島田： ユヴァル・ノア・ハラリ氏の本を読むと、人類とネアンデルタール人を分けたものは、ネアンデルタール人が50人以上でまとまって戦えなかったのに対し、人類は概念のようなものを持つことによって、1000人でも結束して戦えるようになったからだ、というようなことが書いてあります。つまり、これは人類が何らかの方法でスケールフリーネットワークを脳の外にも発展させることに成功したということなのかな、と思いました。

松尾： それは、その通りだと思いますね。おそらく言語によって、脳が単一でやっていた機能を、集団でできるようにしたんですよね。

いい意味でも悪い意味でも、そういう階層的な組織を作って大きな仕事をできるようにした、と。ただ対象物が縦に切り分けやすいものであれば、それでうまくいくんですが、関係が複雑に入り交じって切り分けにくいような対象になると、あまりうまくいかない。ですから、そういう意味では島田さんが推進している「ｉｆＬｉｎｋ（第２章参照）」のように、すべて自由につなげるようにするという試みは面白いですね。

島田：ｉｆＬｉｎｋはあえてソリューションを自分たちで作らないようにしているんですね。ソリューションを作る手段自体を公開してユーザーの自由にしてもらい、何が起こるかを楽しみに待つという。

松尾：そうですね。ＡＰＩ（アプリケーション・プログラミング・インターフェース）の考え方ですね。

島田：まさにＡＰＩです。ネットワークを作るというのは人間が生来持っている力なので、その部分は人に任せて、ｉｆＬｉｎｋならモノ同士も、まるで人間のネットワークの一部かのようにつながっていくというのが、私の目標なんです。

松尾：ＡＰＩを使ったマッシュアップサービスでは、人気の組み合わせを作ると、それを作ったユーザーにも少しお金が入るような仕組みになっていたりします。

島田：まさに、ｉｆＬｉｎｋもそういうインセンティブがあります。

松尾：そうなっているんですね。それはすごい。

島田：スケールフリーネットワークを作る上で、インセンティブはとても大切だと思います。スマートレシートですと、「すべての買い物のレシートを集めたい」というインセンティブが個人にはありますよね。

こういうサービスを作るときはだいたい妻に聞くのですが、「レシートを集めたい？」と聞いたら、「集めたい」と。「それを家計簿とつないだらどう？」と聞くと、「つなぎたい」と言うわけです。

レシートと家計簿がつながると、家計簿会社の人は購買行動が分かりますから、その人に合った金融商品などのソリューションを提案しやすくなりますよね。

こういう構造であれば、個人にもインセンティブがありますし、つなぎ先の企業にもインセンティブがありますから、自動的にネットワークがつながり発火していくはずです。

教育や文化によって柔軟に変わるのが人間の強み

島田：脳科学者の松本元先生が書かれた『愛は脳を活性化する』（岩波書店・1996）では、脳は単一の構造にもかかわらず、視覚、聴覚などあらゆる知覚に変化していくということが書かれていました。例えば聴覚を担当していた領域が損傷すると、別の場所が新たな学習を行って、聴覚機能を代替したりする、と。今のAI（人工知能）だと、そこまではなかなか到達できていないのではないでしょうか。

松尾：そうですね。ひとつは、今のディープラーニングで使われている「CNN」（注：たたみ込みニューラルネットワーク、主に画像認識などに用いられる）や「RNN」（注：再帰型ニューラルネットワーク、時系列データを扱うときに用いられることが多い）という手法は、画像や音声を扱う方法が根本的におかしいところがあると感じています。というのも、構造を先に決めてしまっているんですよね。

本来はそうではなく、これはジェラルド・エーデルマン氏の『脳は空より広いか』（草思社・２００６）に書かれていることですが、ニューラルダーウィニズムという考え方があります。脳の構造は、予測の能力によって決まるというもので、例えば10秒後に「痛い」と感じるとしたら、その「痛い」をより早く察知した機構は、より生存に有利だから残されていくという、選択と淘汰のメカニズムがデータに合わせて働いているというのです。ですから、視覚につながっている領域は、視覚データが入ってきますから、それに合った構造を持つ機構ほど生き残りやすくなり、結果的に視覚野のような構造になるし、音声データが入ってくる領域は、音声に合った構造が生き残りやすいので聴覚野が形成されていく、という可塑性があるということだと思うんですね。

島田：なるほど。だから対象物に合わせて構造事態が変化するような、柔軟なモデルが必要だということですね。

松尾：その通りです。そこが、今のディープラーニングに欠けているところだと思います。

もうひとつ、私が最近ずっと考えている仮説があって、本当は論文を書きたいと思っているのですが、人間が動物と比べてなぜこんなに賢いのかというと、言語を使っているからなんですね。言語を使うと何がいいかというと、言葉による入力があり、それによって何かを心に思い浮かべて自分で発話する、という入出力の関係が、自分がいる物理的な環境とはまったく無関係にできるということです。いわば、任意の入出力を取れるわけですね。そうすると、少し専門的な話になりますが、「有限オートマトン」とか「チューリングマシン」（注：いずれも、機械や計算機のふるまいを抽象化した計算モデル）のような、ある種の状態機械、つまりある入力を処理して出力するという状態を持つ機械だと考えることができます。

人間は、いろいろすっ飛ばして言うと、チューリングマシンあるいは万能チューリングマシンに相当する計算能力を持つ仕組みになっています。だから、任意の入出力のペアを与えられると、それを処理するような任意のアルゴリズムを脳の中に作ることができるんですね。

動物は、そのとき置かれた環境に合わせた情報しか入ってきませんし、その環境に合わせた出力しかできません。ところが人間は任意の入出力を取れますから、どういうタスク、つまりデータを与えるかによって、脳の中でどんなアルゴリズムを学習するかということが決まるわけです。

足し算をたくさん練習すれば足し算に相当する回路が脳の中にできるし、かけ算ならかけ算の回路が脳の中に現れます。そういう意味で人間は万能性を持っていて、教育によって例えば囲碁の棋士にも、数学者にも、プロ野球選手にもなれる、と。この任意のアルゴリズムを実装可能になっているところが、人間と動物との一番大きな違いだと思っているんです。歴史を見ても、人間の体というハードウエアは数千年前からあまり変わっていませんが、教育や文化によってデータセットは大きく変わってきているんですよね。

島田：なるほど。その人間のフレキシビリティーを引き出すのは何かと考えると、やはり人をまたいだスケールフリーネットワークが有効だという気がします。単にスマホの中で人とつながるだけではなく、モノとの連携によって、データが大幅に増えますし、そうすると人間に入力されるデータセットも変わってくるかもしれません。

松尾：確かに、現在は見えていない、あるいは取れていないデータが多いですね。例えば「何を食べたか」という食事のデータなんかはほとんど取れていないですし。その点、レシートというのは目の付けどころがいいですね。

ユーザー自身がデータをつなぐことが大切

島田：はい。私たちはレシートのデータ自体にこだわっているというより、レシートをキーとして様々なものを結びつける、ということにこだわっているんですね。例えば、レシート情報を健康診断の情報とつなげば、普段の自分の食生活が健康にどう影響しているのか分かってくるかもしれません。だから病院の方々とも話を進めています。タニタさんのような体組成計もそうです。あるいは、私たちはＨＲ（人事）システムもやっていますので、そこに勤怠情報や上司との関係性みたいなものを重ね合わせてみたら何が見えるのか、と。

今までも、こういうことを考えた人はたくさんいると思うのですが、この情報を集めるメカニズムがなかったんですね。企業同士がお互い個人情報を持ち寄って「やりましょう」というと、当然「自分のデータが勝手に使われるのは気持ち悪いからやめてくれ」となりますよね。でもユーザー自身が進んでデータをひも付けしたくなるような手段を取れば、その壁は乗り越えられると思うのです。

なぜなら、ユーザーにも大きなメリットが感じられるからです。病院に行くたびに毎回同じ話をしなくてもいい。前回の診察から今までの食生活や体重の変化はデータとして病院に伝わっていて、お医者さんもより多くの手がかりをもとに診察してくれる。そんな状態になるなら、「自分のデータをつないでもいいかな」と思うかもしれません。そうやって十分にトラステッド（信頼性のある）なフレームワークがあれば、自動的にネットワークはつながっていくんじゃないかと思います。

松尾：今までもクレジットカードの明細をデータにできないかとか、ＥＣ（電子商取引）のデータを使えないかとか、様々な試みはありましたが、レシートというのはユーザー自身がつなげるところがポイントなんですね。

島田：そうなんです。

松尾：自分が納得した上で登録するし、それが広がって「このお店は電子レシートないの？」みたいな反応が出るようになると、デファクトスタンダード化していきそうですね。

島田：まったくその通りです。現在対応店舗は急速に拡大していますが、すべてのお店が対応するにはまだ時間がかかりますから、当面の措置として紙のレシートも、スマホのカメラで読み取れるようにしようと考えています。

発想を転換すれば、チャンスがある

島田：これまではグーグルやフェイスブックがスケールフリー構造を可視化するようなことをやって、サイバー世界の覇権を握りました。でもこれからデータの発生源はフィジカルの世界に移りますから、そこではまだまだスケールフリー構造に持っていける場がたくさん残されているんじゃないかと考えているんです。

これを意識的に進めているのがドイツのインダストリー4・0で、「管理シェル」という公開仕様を作って、どんな機器でも統一した仕様でコネクトできるようにしたんですね。彼らはスケールフリーという話はしていませんでしたが、自由につながれるようになりますから、おそらく今後インターネットのようなスケールフリーネットワークが製造の世界にも形成されて、その上に様々な情報が集まり、新たなビジネスが立ち上がってくると見ているんです。

このようにネットワーク化することで新たな価値を作るということが、今後あらゆる領域で起こってくると思うんですね。特に日本企業が得意なものづくり分野は、大きなチャンスがあると思います。

松尾：日本企業を見ていると、きちんと考えたらいいのに、と思うケースがたくさんありますよね。

島田：そうなんですよ。私は東芝で忙しいからこれしかやっていませんが、ほかの会社に行ったら、やることがいっぱいあります。

松尾：いま島田さんがおっしゃったような発想で、改めて現状をとらえ直せばいいんですね。

島田：ポイントは、どんどん情報を出すことです。人に話せば話すほど、相手からアイデアをもらえるんです。

松尾：隠していてもしょうがないというか、むしろ発信するほど返ってくるものも増える、と。

島田：私が本を書くことを決意したのも、そこなんです。「そんなにアイデアを公開して大丈夫なのか」と心配されることもありますが、自分たちが勝てる領域を選んでやっていますから、そこは大丈夫なのです。例えばスマートレシートも、この仕組みは東芝テックがPOS（販売時点情報管理）のシェアを持っているから進めているので、ほかのプレーヤーが真似するのは難しいんですよ。ですから心配するより、どんどん発信してジョインしてくれる仲間をどれだけ増やせるかが勝負だと思っています。

松尾：そうですよね。これからＡＩの分野でも様々なことが起こると思いますし、まだまだ日本にはチャンスはあると思いますが、それをどう生かすかというところが大事ですね。これまでと発想を変えないと、せっかくのチャンスを失いかねません。発想の転換が必要でしょうね。

島田：これからは、自分たちのアセットを大事に守るという発想を捨て、コモディティー化した部分はできるだけオープンにして外とつながる意識が必要になってきます。

松尾：なるほど。島田さんがおっしゃるスケールフリーネットワークとは、そういうオープン性や戦略性もすべて含んだ概念なんですね。

島田：はい、そうなんです。こういう考え方はインターネット系のビジネスをしている方にはすんなり受け入れていただけるんですが。

松尾：確かにそうですよね。インターネットビジネス領域の起業家たちを20人くらい連れて、日本の時価総額トップ30の企業を毎日1社ずつ回るみたいなツアーをやったら面白いんじゃないか、と思いました。インターネット側の発想で、新たな事業アイデアを考えて回る、と。

島田：旧来のやり方から転換していない企業こそ、社内にこれまで蓄積してきた山のようなデータがありますから、うまくオープン化をしてその本当の価値を生かすことができれば、ものすごく変わるんじゃないかと思うんですよね。

私はいつも言うんですけど、特にものづくりをしてきた企業はデイリー・アクティブ・ユーザーの山なんですよね。東芝でいうと、毎日通勤するときは、東芝が納めた自動改札を通り、東芝のエスカレーターやエレベータに乗って、オフィスでは東芝の空調を使って、と。

松尾：そこからデータを取ろうよ、と考えるのが一番手っ取り早いかもしれませんね。

島田：はい。ただ、多くの企業がそのデータを自分の事業範囲で生かそうとしてしまうんです。それではあまり価値が出ません。

松尾：自社の範囲でやろうとすると、例えばスマート冷蔵庫を作っている会社だったら「冷蔵庫の前に立つと、洗濯が終わったかどうか分かります」なんて活用になってしまいます。「それ、本当に必要なの？」というような。

島田：そうなんですよ。だから「ｉｆＬｉｎｋ」では、「もし冷蔵庫の前に立ったら」の部分だけ用意してもらうんです。あとはユーザーに考えてもらう、と。

松尾：そうか。その中からいいものが出てきたら、それを採用していけばいいんですね。そう考えると、スケールフリーも含めて、インターネットの世界で起きたことをきちんと踏襲して考えていくというのが、基本としてはいいのかもしれませんね。

島田：まさにそうだと思います。だって過去20年間、彼らがどれだけの企業価値を作ってきたかと考えたら、なぜそれを真似しないのか、と。

松尾：実世界を含むスケールフリーネットワークって一体何だろう、というのが最初の問いなわけですね。

島田：そうです。それをＣＰＳ（サイバーフィジカルシステム）におけるスケールフリーネットワークと呼んでいます。

松尾：なるほど。そして、その中には人間も含まれる、と。

島田：おっしゃる通りです。人間が中心です。

松尾：すると、スケールフリーネットワークのロングテール性で言うと、何がヘッドの部分で何がテールになるのか、ということですね。

島田：ネットワークがつながっていく中で、いろいろなサービスが勝手に生まれてきます。すると人気のサービスとそうでないサービスに分かれていき、ヘッドとテールを形成するのかな、と。ただ大事なのは、テールが生まれるようなリンク構造を、誰もが簡単に作れる仕組みを用意するということではないでしょうか。

松尾：おっしゃる通りですね。

島田：さらにスケールフリーネットワークが恐ろしいなと思うのは、もしあるエリアがダメになったとしても、どこかでつながっているから、突如として別の変なものが現れたりするじゃないですか。これが魅力なのではないかと思っています。

松尾：確かに、スケールフリーネットワークはロバスト（頑強）ですよね。

島田：逆に、きっちり構造化されているものは意外ともろいんです。

松尾：固定的に構造化するのではなく、柔軟性があるネットワークになるようなアーキテクチャを設計するのが大事、というわけですね。この考え方は、うまくやればすごく影響力がありそうだと感じました。いろいろな分野に広げられそうですね。

島田：はい。そうだと思っています。松尾先生、本日はどうもありがとうございました。

松尾：ありがとうございました。

Chapter

6

二回戦に向けて、日本企業が備えるべきこと

対談

入《いり》山《やま》章《あき》栄《え》氏

早稲田大学
大学院経営管理研究科教授

慶應義塾大学経済学部卒業、同大学院経済学研究科修士課程修了。三菱総合研究所で主に自動車メーカーや国内外政府機関へのコンサルティング業務に従事した後、2008年に米ピッツバーグ大学経営大学院よりPh.D.を取得。同年より米ニューヨーク州立大学バッファロー校ビジネススクール助教授。13年４月より現職。

サイバーとフィジカルを組み合わせたＣＰＳ（サイバーフィジカルシステム）こそが、これからの戦いの場になる。20年９月28日に開催された東芝デジタルソリューションズ主催の「東芝オンラインカンファレンス２０２０」で、本書の著者である島田太郎氏と尾原和啓氏が、早稲田大学ビジネススクール教授の入山章栄氏と、これからの日本の戦い方についてディスカッションした。その内容を紹介する。

入山：島田さんとお会いしたのは5年以上前でしょうか。当時はシーメンスの役員時代だったと記憶していますが、早稲田大学のビジネススクールに講師として来ていただいたことがきっかけでした。とても素晴らしい話をしていただきました。

車谷暢昭さんが東芝の代表執行役会長CEO（現同社代表執行役社長CEO）に就任された直後にお会いした際、開口一番に「東芝は宝の山だ」とお話しされていたのが印象的でした。優秀な社員がいて、研究所にもノーベル賞級の研究が山ほどあると。

そこで、ぶしつけな私は車谷さんにこう聞いてしまったんです。「もともと金融機関ご出身ですよね。車谷さん自身、テクノロジーのことにそこまで詳しくないのではないですか？　優秀な人材を外から採用しないと再建は難しいのでは？」と。車谷さんは「既に手を打っているんだ」と答えました。その3週間後くらいでしょうか。島田さんから「東芝に移ります」とご連絡をいただき、「ああ、このことだったのか」と車谷さんの言葉を理解したわけです。

それから僕はずっと東芝を陰ながら応援しています。実際、数多くの新しい変革の芽が出てきていますよね。おそらく、東芝が持つ素晴らしいテクノロジーと優秀な研究者の皆さんが活躍し始めている。「Cyber to Physical（サイバーフィジカル）」の時代を作り始めているんだと思っています。

そして、サイバーフィジカル上で初めてスケールフリーネットワークを実現するというしびれるビジョンを掲げられています。

日本はいわゆるデジタル世界競争の一回戦では負けてしまいました。この一回戦というのは、いわゆるGAFA（グーグル、アマゾン・ドット・コム、フェイスブック、アップル）が出てきた時代です。この一回戦の競争とは何だったかと振り返ると、スマホなんです。「所詮」というと怒られるかもしれませんが、この小さな端末で起きたことなんです。新しい端末ですから、既存のプレーヤーがそもそもいない。更地に新しいビジネスが次々と登場していき、その流れでGAFAは時価総額を一気に上げました。

残念ながらその時代において日本は勝てなかった。ところが、一回戦はもうだんだんと終了し始めています。

では二回戦とは何か。これがサイバーフィジカルの時代なんですね。我々の周りにある様々なもの、洋服かもしれないしハードウエアかもしれませんが、ネットにつながっていく時代に入るので、全然勝負が変わってくるわけです。そしてここは更地ではない。モノとモノがつながったり、人とモノがつながったりするわけですから、良いモノを作れなければならない。世界で言うとやはり日本とドイツが強い。うまくやれば日本がまた勝てる時代が来るということでもあります。

ただ、まだ日本ではそこまでの感度を持った製造業がない。東芝がここ数年で急速にサイバーフィジカルに取り組まれているのには興味があります。

尾原：入山さんがおっしゃる通り、二回戦の方が圧倒的に規模が大きいんです。GAFAがカバーしている領域は、つまるところ「広告」と「小売り」です。これはGDP（国内総生産）の中の構成比で言うと7～8％くらいなんです。残り9割以上はフィジカルの世界となります。特にGDPの25％くらいを占める製造業というのは、ものすごい量のデータがたまっています。

私がグーグルに所属していたとき、ペイメントの立ち上げのサポートをしていたのですが、世界中においてコンビニで非接触カードをあんなに簡単に購入できるようになった国として日本は非常に早かったんです。ポイントカードも実はイギリスと日本だけだったんですね。つまり、利便性が高ければ日本では個人が望んでデータを提供してきた。世界の中でも日本は圧倒的に進んでいるんです。

島田：だからこそ追いつくためのデジタルでは本当に意味がないと思ってしまいます。もちろんやればいいのでしょうけど、そこを目標にしては絶対にダメだと思うんです。まずはプログラミングを覚えましょうということではなく、もっと高い目標を持たなければならない。尾原さんもよく著書で触れていますが、ユーザー体験ドリブンにしていかなければならないわけです。ユーザーが一体何をしたいのかというところから、フィジカルとサイバーを入れ替えるといった感じです。

二回戦はユーザー体験への投資が重要になる

尾原：データは次の時代の石油だと言われますが、やはりただデータを集めたら勝ちという時代は一回戦。二回戦はデータをユーザー体験に投資していく戦いです。ユーザーがやりたいことができるようになる、やりたいことの先を提供してくれるようになる、だからユーザーはプラットフォーム上で行動して自然とデータがたまっていく。UX（ユーザー体験）があるからデータがたまり、データがあるからUXがさらに良くなる戦い、それが二回戦です。

島田：『アフターデジタル』でかなりその点、触れられていますよね。製造業の人はみな『アフターデジタル』を読むべきだと思います。

入山：東芝の「ifLink」などは典型例ですよね。

尾原：そうですね。「インダストリー4.0」で言われている管理シェルにはすごく興奮しました。古い工場でもIoT時代に対応していけるようにしたわけです。一つひとつの古い工場の機械でもインターネットに、しかもフラットにつながれるようにするために、オーバーラップするようなデバイスを安く配る。ドイツはやはりものすごく革新的なことをしたわけですよね。こうしたドイツで培った経験を日本ならではの強みに変換するなんて、本当にワクワクします。

入山：東芝が手掛けている中でも、特に大好きなのはスマートレシートです。尾原さん、よく対談などで「これからはフリクション（摩擦）レスだ」とお話ししていますよね。私も本当にそうだと思います。人間は根源的欲求として、面倒くさいことを少しでもいいから楽にしたいと思うわけです。

私がいま一番面倒くさいのはタクシーでの支払いなんです。非接触決済を利用すると、レシートが出てくるのを待つわけです。支払いは一瞬なのに、レシートが物理的に印刷されるのに5秒も10秒もかかるわけです。スマートレシートが広がれば一瞬で終わるわけですね。フリクションレスの時代はやはりユーザー体験から入るべきで、ちょっとした面倒くささが解消されるだけで快感を実感できる。スマートレシートは早く世界中に広がってほしいと思います。

島田：中国の場合、ミニアプリがあってそれらが様々なものの中に組み込まれていて横断的に機能する。私はスマートレシートをそういう形にしたいなと思っています。決済手段はなんでも構わない。裏側に入ってとにかくフリクションをなくすことに集中したいんです。

尾原：今までのインターネットはどちらかというと、ユーザーがやりたいことをツールとして提供しますという経済でした。一方、イネーブラー（支え手）経済などという言い方をしますが、すべてのモノやサービスの裏側にAI（人工知能）が入っていたり、自動化されていたりすることで、顧客がやろうとしていることを加速させる。しかもそれがパーツとしてできていて、裏側ではブロックのようにつなげていくことができる。誰もがモノやサービスを作ることができるようになるんですね。

入山：東芝が現在進めているサイバーフィジカルは当然、フィジカルが起点になっていますが、やはりすごいと思うのはオープンにして配っているというところなんですね。

島田：セコいのはだめなんです。

入山：ですよね。今までの日本の製造業は良いものを作り込み、カスタマイズし、特定のお客さんにしっかりとプライシングして売っていきましょうというやり方でした。スケールフリーネットワークの時代では、結局のところサイバーの方で様々な情報を取りたいとしても、フィジカルで多くの人がモノを持たなければならない。東芝には技術力がありますコモディティー化しかかっているものは配ってしまえということですよね。これがやはりネットワークの起点になるので。

島田：その通りですね。価値あるものは中に残す形で。我々はこのオープン・クローズを非常に注意しています。時々、この情報を出していいのかと質問されることがあります。「あなたの技術のエッジはどこにあるんですか?」と聞くと、「エッジはないです」と返ってくる。だから出すんです。出してしまって世界中に広がった方が勝ちなんです。ウィンドウズとマッキントッシュ、どちらが勝ちましたか。結果的に「勝ったもんが勝ち」という戦略を採っています。

これからフィジカルの世界に「べき乗則」が出てくる

入山：面白いですね。私は学者なのでスケールフリーネットワークについて簡単に解説すると、あの考え方自体はこれからのネットワーク時代にとても重要です。最も有名なのはノースイースタン大学のアルバート＝ラズロ・バラバシ氏がやっているネットワークサイエンスです。分かりやすい例は、電車の鉄道網と飛行機の空路のネットワークの違いでしょう。デジタル前のネットワークは、電車のネットワークのように上から押し付けられて決まっている路線のようなものです。どの駅にも均等に電車が来ますというのが従来のやり方なんですね。

ところが飛行機は違います。空港はあっても、どことどこの空港の間に飛行機を飛ばすかを決めるのは各航空会社です。勝手につながりたい人はつながりましょうという世界です。そうすると何が起きるか。皆さんご存じのように巨大なハブ空港ができるわけです。

米国ではジョン・F・ケネディ国際空港かもしれないし、日本だったら成田空港や羽田空港かもしれない。特定の空港に異常に航空路線が集まってきて、残りはローカル空港になっていきます。自主的につながり始めるとそういうネットワークになるんです。特定のところがハブになり、残りの人たちはそうでもないつながり方をする。「べき乗則」と呼ばれるものです。

スマホ時代は誰と誰がつながるか、自由に選べる時代です。
一方、フィジカルの世界は今まで自由につながる相手が選べなかった。島田さんが現在進めているように、モノが自由に配られた後は勝手につながってくださいという世界になると、ようやくフィジカルの世界にべき乗則ができてくるということになります。

島田：その通りです。私も航空機エンジニアなので少しその話を深堀りしますが、もともと入山先生がおっしゃる通り、航空の世界は「ハブ&スポーク」でした。ところが、これは固定化されているものではないので、小さくても遠くまで飛ぶ飛行機が出始めると、今度はローカル路線とローカル路線が勝手につながり始めるんです。新しくスケールフリーネットワーク化が進んでいきます。
鉄道を引かなければならないという旧来のフィジカルと、拠点と拠点を飛び越えられる飛行機。デジタルもそうですが、こうしたものを組み合わせると様々なことが起きてくる。今回、東芝ではネットワークをいったんは組みましたが、今後もどんどん変化していくんだと思っているんです。

入山：そうですよね。その先には東芝は入らないで後は勝手にやってくださいという形になっていく。

島田：そうです。そういう意味では、入山先生がいつも言われている「知の探索」と「知の深化」の中で、知の探索をできるだけ大きくできるようにすることが、このスケールフリーネットワークを作る上で非常に重要になります。

言ってみれば、こうやってやりたいとどれだけ言っても、その人たちがネットワークで集まらないと、まったく何も起こらない。だから、私からするとスケールフリーネットワークを現実にしていく上で一番大切なのは、企業文化の変化だと思っています。

尾原さんや入山先生は聞けばなんでも答えてくれる、いわばスーパークラスターです。このようなことができる人を、どんどん増やさなければいけません。

尾原：イノベーションを考えると、一言でいえば遠いモノ同士をつなぐことこそイノベーションです。では、企業のトップが遠くにいる人たち二人を選んでイノベーションを起こせと言ってもできるわけではない。だからこそ、場作りが大事になります。

そしてインセンティブも重要になります。グーグルはページランク理論、つまり、良いページからリンクされているページは良いページであるという評価基準を公開していました。だからこそ、ウェブページを作る人たちはグーグルの検索結果の上位に出たいと思って内容を充実させ、遠くの権威のあるところからリンクを貼られることがいいよねという動きが生まれてくるわけです。

島田：今、私が気にしているのは日本における企業間の壁が高くなりすぎているのではないかという点です。スケールフリー化しにくくなっています。尾原さんがいたようなグーグルをはじめ、インターネットの世代は互いにつながっているんですが、旧来のハードウエアベンダー間にはものすごい壁が存在しています。これをなんとかしなければという問題意識です。

尾原：そうですよね。中国でもＩｏＴは急速に進んでいますが、結局、例えば小米（シャオミ）のプロダクトの中だけで閉じてしまう。米国ではアマゾン・ドット・コムをはじめ派閥を作ってしまう。そうすると遠くとつながりにくくなるし、派閥ができると力が分散して進化が遅れてしまうという事態を招きます。

変われなかったからこそ多様性がある

島田：先日、尾原さんと話をしていてだいぶ盛り上がった話題があります。日本企業はなかなか変われない時代を過ごしてきました。ビオトープがあり、ユニークな人がたくさんいるんですよね。そういう人たち同士をつないでいきたいんです。ifLinkもコミュニティーを作ることに力を入れたい。

入山：様々な業界のちょっと変わった人たちを集めたいわけですね。

島田：そうなんです。そういうことが起こってくると、入山先生が言われるような、知の探索ができるようになります。

社内で面白い実験をやってみました。社員同士がインセンティブを与え合うピアボーナスを採り入れてみたんです。そうすると、見事にスケールフリーネットワークができあがるんです。ギャラクシー（銀河系）のようなものがいくつかでき、その間にぽつんとつないでいる人がいるんです。

尾原：先ほどのスケールフリーネットワークを作っていくときのポイントとして、『両利きの経営』（東洋経済新報社）の中で触れられている探索と深化、役割分担するケースがあるのかなと思っています。イスラエルは人口900万人ですが米国に次いで企業売却が多い国です。これは深掘りする科学者がいて、それを横につなげていく人たちもいる。スケールフリーでいうハブになる人がいるんですね。

日本には深掘りする人は数多くいますが、横につなげていく人が少ない。探索型のプレーヤーに対するインセンティブが行き渡りにくいということもあるでしょうし、派閥があってつなぎにくい構造だったということもあるでしょう。その場を作り出せば、ビオトープが本当に生きてくると思っています。

島田：入山先生が教授をされているビジネススクールなんかもまさにそういう場だと思います。

入山：業界がばらばらです。夜の10時半まで講演を聴き、その後は飲みに行こうとなるわけです。コロナ禍の前ですけど。

島田：話が飛躍するかもしれませんが、皆さん17時に帰るべきだと思います。様々な人と出会って話をする。そういうKPI（重要業績評価指標）があっても面白い。日本はこういう取り組みをしていかなければ。

入山：それはすごくいいですね。知の探求とは、簡単に言えばイノベーションを起こすためには遠く幅広くに視野を広げて、知と知を組み合わせること。それこそがイノベーションの源泉だということは、世界の経営学ではほぼコンセンサスになっています。

ただ、どうしても日本の企業の場合、特に歴史の古い会社ほど同じ業界で同じ場所にいる。しかも日本は、残念ながら新卒一括採用で終身雇用制度を採用してきたわけです。どうしても目の前の知しか見られなくなってしまう。加えて日本のイノベーションを阻んでいる理由が、皆さん忙しいということ。ずっと会社の中にいるんです。

島田：それは非常にもったいないことですね。

入山：だから私はデジタルトランスフォーメーションに大賛成なんです。少しでもデジタルを会社の中に取り入れて仕事が楽になるといい。そうして生まれる時間で知らない人と出会ってもいいし、ビジネススクールで勉強してもいい。

デジタルは「ひとり」に向いている

島田：勉強じゃなくてもいいと思うんです。人が学ぶことは勉強に限らない。だからスポーツクラブに通ってもいいんです。ユーザー体験というのは自分自身に置き換えればできることばかりなんですね。様々な場所を訪れたり、遊んだり。そうした体験がないと想像力が働かないし、広がりが生まれないんです。

入山：例えば私は漫画が大好きなんですけど、あるテレビ番組で『キングダム』という漫画が大好きだという話をしたら、入山章栄が選ぶビジネス漫画ベスト5なんて謎のコーナーを作っていただきまして。真剣に選んで1位を『キングダム』にしたんですが、そうしたら作者の原泰久先生にその番組を見ていただいて、サイン付きの色紙をいただきました。それから『キングダム』関連の仕事がたくさん舞い込むようになりまして、最近ではキングダム経営学者と名乗っています（笑）。漫画好きがまさか役に立つとは思ってもいませんでしたから。

尾原：今の話はすごくインターネットの本質を突いていると思います。インターネットもデモクラティゼーション、日本語で言うと民主化となってしまうので私は小さい経済圏と呼んでいます。インターネットの良さは誰もが参加できる点ですよね。YouTubeの場合、これまでは1回の再生で微々たる広告費しか入ってこないので、100万回再生がないとダメだねという広く浅くだったわけです。しかし、最近では月額課金ができるようになったので、すごくニッチなコンテンツでも月額1000円払う人が出てくる。その人たちが何人か来てくれるだけで食べていけるという経済圏が現れてきています。

デモクラティゼーションが進むと、小さなペイン（痛み）の解決でも経済圏ができるわけです。

島田：もっと多様性を増やさなければならない。ある企業の会長から「ドイツは電子データ交換（EDI）が進んでいるが、標準化が進んでいるということは、企業の数が少ないからというのも理由の一つなんじゃないか」と言われたんですね。私はそうかもしれませんが、標準化を進めていくとどんどん弱くなってしまいます、とお答えしました。要は効率を追求するのか、多様性を持つのか。この二つは基本的には異なるものですが、デジタルで双方を実現することも可能かもしれない。そうすると、日本のように多様性を持っている国が最終的には一番豊かで、一番面白いということになります。

入山：本当にその通りだと思います。デジタルが一番向いてるのは「マス」ではなくて、「ひとり」なんだと思います。だから逆に言うと、ものすごく多様な人がいれば多様な人に当てていけるのがデジタル。そう考えると、大企業だけでなく日本中の中堅・中小企業、デジタルと一見関係なさそうな分野にも可能性が出てきますよね。

島田：自分たちが作ったデバイスをどんどん売っていきたいベンチャーもいれば、もうこれ以上何も思いつかないで頭を抱えている大企業もいる。こうした人たちが集まって次の世界が生まれていくんだと私は思っているんです。

尾原：ｉｆＬｉｎｋはカードを使って様々なＩｏＴ機器の連携レシピを作れるので、デジタルの経験がない人でも簡単に作れるんですよね。

島田：教育にすごく向いていると思っています。例えば、子供が母親から離れたら、ぬいぐるみが「お母さんと離れちゃうよ」としゃべる。そういうものを今すぐ作ってみて、しゃべり方はもっとこうした方がいいんじゃないかといったことを検討する。私はプログラミング教育よりも、問題解決教育の方が重要だと思っています。まずは作ってみてフィードバックがあって、さらに次が生まれるという流れです。

入山：先日、台湾のデジタル担当大臣のオードリー・タンさんと対談をしました。その時に、台湾のデジタル教育について質問してみたんです。小学校からプログラミング教育をしているんですかと聞くと、「何を言ってるの」と言われまして。そんなものはどうでもよくて、我々がやっているのは「デジタルシンキング」教育ですと。島田さんがおっしゃった通り、問題発見と問題解決こそ重要で、デジタルはあくまでも手段なわけです。

島田：要するにノンコードの世界です。プラットフォームが用意されていて、そこで様々なことができる。私は、中小企業にとってこれは非常に重要なポイントだと思うんです。彼らが作りたいようなソリューションを、どこかに頼んで作ってもらってお金がペイすることは絶対にないんです。でも、これだったら自分にピッタリ合ったものをみんなが作れますし、それを販売することもできるわけですよね。こうして多様性が広がっていく世界こそ、私は未来としてあるべき姿だと思います。どこの町に行っても同じような町とかは嫌なんですよね。

ネットワーク構造の2つのメリット

尾原：ネットワーク構造にしていくといいことが二つあります。一回出来上がったものがスケールアップしやすいという点、そしてマルチレイヤーでビジネスが生まれるという点です。例えば、中国ですごい勢いで伸びている衆安保険という、あらゆる保険を作っている会社があります。旅行時にカバンを紛失して困ったといった小さなトラブルでも、たくさん規模が集まると商品として成り立つわけですから、次々と保険商品が生まれているわけです。

もう一つがマルチレイヤー化。例えば、街の工場が自分の困っていることをｉｆＬｉｎｋで作る。それを大きく実装しようとすると、スケールさせるためのプレーヤーが必要になります。そして中間にＳＩｅｒ（システムインテグレーター）のようなプレーヤーが生まれていく。

セールスフォース・ドット・コムは好例でしょう。営業管理のベーシックなところだけを提供して、金融だったら金融、アパレルだったらアパレルといったように、業種ごとにまたプラットフォームができている。「プラットフォーム・オン・プラットフォーム」と言うんですが、複層化していくわけです。

島田：まさにその方向を志向しているんですよね。だから、オープン化していますし、どのようなビジネスをしてもいいですよという風にしています。要はすべて自分で思いつく、考えられると思っていることが傲慢だと思います。そして、つまらなくなる。だからこそ、皆さんが共生できるような形でのオープン化が必要なんです。

一方で、その中でも鍵を握る技術というのは自分できっちりと持っている必要がある。そういう技術を持っているプレーヤーがしっかりと評価されるプラットフォーム構成にしていかないといけません。

入山：プラットフォーム事業者はオープンにして様々なプレーヤーを呼び込むのはいいんですが、その人たちの領域にまで入り込んでしまうと公私混同になってしまう。あくまでもバラけて提供することで健全なエコシステム（生態系）が作れるわけです。

スケールフリーネットワークをはじめ、ネットワークの研究をしていると、実は意外とイノベーションが起きる起点はハブからすごく外れていたりします。銀河と銀河の真ん中にいる人がなにげに面白い。それがこのスケールフリーネットワーク時代のいいところで、ローカルで一見関係ないところから出てきたアイデアが何かの経緯で突然跳ねる。私がよく事例として話すのは「ピコ太郎」なんですが、跳ねるまで誰も古坂大魔王というタレントを知りませんでした。

島田：芸人ってそういうところがありますよね。

入山：そうなんですよ。僕がよく主張しているピコ太郎の最大のポイントは、金の服でも派手なグラサンでもなく、英語で、しかも超簡単な英語で歌ったことだと思っていて。歌った瞬間にバカみたいな英語だけどみんなが分かるじゃないですか。「I have a pen.」とか「I have an apple.」とか。そうするとスケールフリーネットワーク上で伝わっていき、最終的には究極のハブの一人であるジャスティン・ビーバーが見つけたわけですよね。そこで拡散されて世界的コンテンツになったっていう。あれこそ、究極のローカルイノベーションだと思います。

島田：私がこういうことを始めると、必ず「どうやってもうかるの？」と言ってくる人がいます。重厚な論理構成を張ったのは、こうした人たちに説明するためなんです。思いもよらないところからビジネスが生まれてきますからと。そしてつなぐことをしている人たちは、必ず上へ上へと上がっていきますからと。

入山：島田さんや尾原さんのお話を聞いてると、やはり完全に世界が変わってきています。これまでのビジネスはリニアでした。計画を立てて、フィナンシャルシミュレーションをして、市場調査をやって、計画通りに当たるのか当たらないのかという時代だったんだと思います。逆にこれからのサイバーフィジカルによるスケールフリーの時代は、様々な人たちがいて、ローカルの人たちにも大きなチャンスがあるわけですよね。でも、何が当たるのか、不確実性が高すぎて読めない。だから、ピコ太郎が突如当たってしまう。

尾原：だからこそ「コト」が起きる場を作るというのはすごく正解だと思うんです。分かりやすい話で言うと、グーグルは最初の4年間はほとんどマネタイズしていません。売り上げはほとんどなくて、AOLに検索エンジンを提供していたというくらい。システムインテグレーターのような仕事くらいでしか売り上げを立てていなかったんです。

検索エンジンができてから実に4年後に、今の収入のメインである広告事業が生まれるんですけど、これすらグーグルは自分で作っていないんですよね。オーバーチュア、当時のGoTo.com（ゴートゥ・ドット・コム）が作ったものを使って展開していました。

当然オーバーチュアはオーバーチュアで、ライセンスによってすごい収入を得ているわけです。グーグルはスケールフリーを起こす情報の場を支え、そこに広告エンジンが実装されたことでうまく動いたという話なんですね。

島田：そう考えると、私は日本には宝の山がたくさん埋まってると思うわけです。さっき尾原さんが言ってたように、8割のデータ、9割のデータは埋まってるんです。ほとんどの企業がそれらをスケールフリー化する方法を採っていない。今までの延長線上でビジネスモデルを考え、利益を得ようとしている。この考え方を転換すれば爆発するのではないかと私は思うんです。

尾原：やはりマネタイズはいつできるんだという話をされると思いますが、いやいや、人が情報を探すということは、探しているものが見つかったらそこに必ずお金が動くということですし。スマートレシートだって、結局はGDP（国内総生産）の6割は家計ですから、その半分くらいはおそらくPOSレジを通っているわけで、そのお金の流れの高速道路の上をつながるようにしたら絶対どこかでもうかる種が生まれるわけです。

島田：京都大学大学院の酒井敏教授の『京大的アホがなぜ必要か』（集英社・

2019）には、京都大学にアホが少なくなってダメだということが書かれているんですが、そこにはスケールフリーネットワークについて書いてあるんです。要は、先ほど入山先生が指摘された銀河と銀河の間をつなぐ変な人、その変な人がいないからダメだと。

入山：そういう意味では、独立研究者の山口周さんが言ってることが私はすごく好きです。彼が一度、「もうPDCA（Plan, Do, Check, Action）という時代は終わりました、もうPは不要です」とフェイスブックか何かに書いてたんです。特にこれからの時代はそうだと思うんですが、確実に当たる先見の時代ではありません。Do（実行）の時代であって、PDCAは完全に終わっている。いうなれば「DCAP」、もっと言えばPは不要な時代になっていると。私は本当にそうだなと思います。

島田：おっしゃる通りです。そういう意味では、インセンティバイズ（インセンティブを付与することによって動機付けること）するアーキテクチャですよね。こうしたものを見つけたり作ったりすることに集中することで、人が勝手に寄ってくる。

どうすれば人が寄ってくるのかということに知恵を絞らないとダメなんだと思います。自分でやってしまってはダメで、自分でやらずに集まってくる仕掛けをどう作るか。なんとなくうまくいきそうだという妄想力をかき立てるようなものが価値を得て、お金も集まり、実現していくという仕掛けです。

入山：先ほど島田さんが指摘された壁の話とも関連しますけど、これだけの仕組みを東芝は作られているわけですから、あとはここにいかに妄想力のあるプレーヤーがどんどん乗ってくるかということになりますね。

島田：そういうことです。そこでは人がもっと柔らかくならなければならない。もっとオープンに、みんな一緒にやろうという仕掛けとカルチャーが必要になります。それこそが過去20年間のシリコンバレーの人たちの成功パターンじゃないですか。我々が今まで持ってきたビオトープをもとにもう一度やれば、逆転できると思います。

尾原：社会運動を起こすときは一人だけが踊っているだけだとやはり厳しくて、2番目の人、3番目の人が踊り出すと、なんとなく皆がいいんじゃないかと思い始める。そういう意味では、私や入山さんがおそらく2番目として踊りまくっていますので、あとはこれはとても楽しいことなんだということを伝えていく必要があります。

島田さんは東芝の中で一人で踊り始めていて、その中で「島田さんの踊りに付き合ったら面白そう」と思う人たちが出てきています。そしてifLinkなどが生まれて、私たちみたいな人たちが踊り始めるタイミングを迎えているのが今です。

あともう一つ大事なのが、プラットフォームがあると、必ずその上のアプリケーションで富を生む人たちが出てくるという点です。正直、日本に関して言えば、Androidの端末を作っている人よりも、ガンホー・オンライン・エンターテイメントやミクシィのようにゲームを作った人たちの方がずっと付加価値を生み出しているわけです。

プラットフォームを手がけている東芝に持って行かれるというわけではなく、むしろ新しい付加価値を生み出す人がプラットフォーム上に現れていく。そのためにも初期にリスクを取って、最初にユースケースを理解したからこそ突き抜けるんだと思うんです。その辺の関係作りをこれからどうやっていくんでしょう。

島田：私は「どれだけセコくないか」の競争になると思っています。どこまでオープンにするのかということ。ここまでやってくれるのであれば、ちゃんともうけられそうだと思ってもらえるところまでオープンにしていきたいですね。

入山：あとはスケールフリーネットワークの場合、どこまで我慢するかですよね。尾原さんが先ほど触れたように、グーグルも最初は全然人がつかなかった。米ウーバー・テクノロジーズのライドシェアサービス「Ｕｂｅｒ」も同様です。指数関数的に増えていくわけですが、これはスケールフリーの典型的現象です。東芝の取り組みも1年目からうまくいけばいいですが、何年後かに突如爆発するかもしれない。

島田：そうですね。スケールフリーネットワークは最初は丁寧にやらなければなりません。

尾原：もう一つ重要なのは、インターネットビジネスの圧倒的にいいところはコストが実はそこまでかかっていないことなんです。米国のAirbnb（エアビーアンドビー）もＩＰＯ（新規株式公開）する前にリストラして大丈夫かという話が出ていましたが、そもそもAirbnbはホテルを自分で一軒も持っていないんです。コロナになっても、エンジニアを少し減らすだけで耐えられてしまうんですよね。

島田：投資家の人と話をしていて言われるのは、ああいうビジネスは利益を出したらいけないみたいですね。利益を出そうと思えば、あちらこちらを絞ればすぐに利益が出る。そもそもアセットがないですから。そうではなく、爆発するレベルまでスケールを拡大することが大事だと。

入山：アマゾンもそうでしたね。ウーバーに話を聞くと、なんだかんだ言ってもこの時期でもコアなファンがいるらしいんです。そういう人たちがまさに一緒に踊っている。こういう人たちが踊ることで急に大ブレイクするわけです。

島田：パーコレーションですね。

入山：だから、粘るときはどうしても数字上黒字を出そうと思ってしまいますが、無理して出さない。そういう商売ではないということなんです。ただ、すごくサービスを愛してくれる人たちがいるということが分かればいいんですよね。

島田：テスラも一緒ですね。同社を率いるイーロン・マスク氏もやっていることはクレイジーですが、やはりそこにお金をどんどんつぎ込む人たちがいる。要するに踊る人たちがたくさんいるということは大事だと思います。だからこそ彼は、クレイジーなことを言い続けなければならないというモードに入っていると思うんですけど。

我々が取り組んでいることはそこまで投資がいらない。もともとのアセットといえばPOSなどで投資を回収しているんです。既に存在しているし、それ自体でもそれなりに利益が上がっている状態。だから平気でできるんです。出しても大丈夫なアセットは数多くの日本企業が持っているはずなんです。

入山：ミスミがいま取り組んでいる機械部品のオンライン受注加工サービス「meviy（メヴィー）」がありますが、あれも似た仕組みですよね。カタログ販売を全部CAD（コンピューターによる設計）にしようとしているわけです。CADにしてカタログ販売を全部引いて、あとはAIで全部計算させる。圧倒的に顧客のリードタイムが下がるわけです。

島田：その通りですね。おそらく過去の日本の考え方だとCADで作ろうとするわけです。ミスミの賢いところは、今あるものに一番近いものを充ててくるわけです。これでいいですよという感じで。顧客側もこれでいいかとなると、コストは安いし、即納できるし、完璧というわけです。私ももともと設計をしていたから分かりますけど、設計する人間はどうしても新しいものを作りたくなってしまいます。毎回図面を起こしちゃう。本当は作らない方がいいんです。

尾原：自動車の設計場面で分散してシミュレーションができるプラットフォーム「ＶｅｎｅｔＤＣＰ」あたりは、まさにコトを起こす場を自動車の製造の中に持ち込むという発想ですね。

島田：私自身がシミュレーションの業界にいたので理解していますが、今はアメリカやヨーロッパのメーカーが幅を利かせています。これを逆手にとって、我々はシミュレーションをせずに、シミュレーターをつなげることに特化しています。

メーカーはシミュレーターを売りたいがために、自らのビジネスを食ってしまうようなことはできません。ただ、我々はメーカーではないわけです。「ＶｅｎｅｔＤＣＰ」を使っていただくことで、日本のモデルベース設計の標準を世界標準に持っていきたいと考えています。プラットフォームよりも、皆がつながって仕事を進めていくことへの意識を高めていくことを目標にしています。

今こそ弱みを強みに転換するとき

尾原：ゲーム会社を例に挙げると、資源が限られていた昔と違い、今はコンピューターの性能が上がり、米ユニティ・テクノロジーズが提供する「Ｕｎｉｔｙ」などのゲーム開発環境をうまく活用する時代です。できるだけ使い回していくことで、コンテンツの中身に特化できるようになり、結果としてゲーム会社が力を持つことになりました。シミュレーターも同様に、ＧＰＵ（画像処理半導体）の性能が不十分で独自で工夫しなければいけなかったものが、クラウドサービスを含めて高速になった今、標準的な環境につなぎ込んでいく方が効率の面でメリットが大きい。まさに転換点にあるわけです。

入山：一緒に組んでくれるパートナーたちのマインドセットの転換というのが相当

重要になってくるのではないでしょうか。

島田：非常に大切になります。その考え方に変わっていかないと、今までの強みが弱みとして出てしまう。日本の面白いところは皆、やめないことです。今は弱みになっているかもしれないけど、それでもまだやっている人がいる。

尾原：アメリカだとカットオフ、レイオフが早いですものね。

島田：そうですね。日本はなぜか残っているんです。細々と。これが面白くて、偉い人がどれだけやめろと言っても、どこかでやっているんです。

入山：隠れてね。

島田：そうなんです。そういうことはよくある話で。だからこそ逆に、自分たちの弱みを強みに転換できる可能性が今あるわけです。

海外に追いつくといった発想ではなく、ステージを変えていくという発想が必要です。経営のモデルについても選択と集中ではなく、まったく違うモデルを編み出さないと世界では勝負できないと考えています。

尾原：選択と集中って、要は未来が分かっているときのモデルですから。

入山：キリンビールが今回、ビールの販売数でアサヒビールを抜いたんです。アサヒビールは「スーパードライ」が強くて、特に業務販売が強い。一方、キリンビールはなんだかんだでブランド数のラインアップが多くて、今回コロナになって自宅で飲む人が増えて、一番安い「本麒麟」が劇的に販売数を伸ばしました。やはり不確実性の高い時代は、ある程度の多様性は重要だと思います。

島田さんのお話を伺っていると、二回戦は日本は強いと。東芝を含めて様々な企業にチャンスがあるとのことですが、いかに共感してくれる仲間を集めていけるかが鍵を握りそうですね。

島田：その通りです。だからこそプラットフォームとしてのスケールフリーネットワークを作る前に、人のスケールフリーネットワークを強化しなければならないと考えています。要は、自分の会社内だけでやっているというのはもう絶対にダメなんです。

尾原：よく仲間集めをするときに出てくるのが、キラーコンテンツは何だという話です。でも、ｉモードの立ち上げのときに「着メロ」や「待ち受け画面」があんな形で盛り上がるなんて、最初は誰も分かっていませんでした。当時は夏野剛さんや松永真理さんというスーパーハブパーソンを中心に別のユースケースでスタートしたものの、途中で新しいビジネスの可能性に気づいて方向を変えていく中で、新たなコンテンツ市場が生まれていきました。待ち受け画面だけで100億円以上を売り上げる企業も出てきたわけです。ある程度は探索的につながっていくことで、本当のキラーユースが立ち上がってくるんだと思います。

島田：私は人に話をしてみて、ウケない場合はやらない主義にしていまして。「これなのどうですか?」と言って、「面白いね」と言う人が5人以上集まる場合はなんとなく進めるんですが。日本企業の中だと、自分たちの強みをアピールしすぎて周りがしらけるケースが時々ありますよね。それは何かが間違っていると思うんです。それをやめないと、単にビオトープを作っているだけになってしまいます。ビオトープもそのうち腐ってしまうと思うんです。やはり尾原さんが先ほどおっしゃったように、ウケるものを作らないとダメなんじゃないかと思いますね。

入山：でも、プラットフォームがあり、多様性のある人が作っていれば、その中のコンテンツについては勝手に面白いものが生まれてきますよね。

島田：私自身はデジタルの中だけに没入されるのが嫌なんです。やはり手触り感のあるものを大切にしたいので、双方をうまく生かしていきたいと考えています。どこまでがいいのかはカルチャーによって結構ぶれると思うので、あくまでもユーザー体験がどのようなものであるべきかというところが重要になってくると思っています。

尾原：サイバーフィジカルの場合は最後がフィジカルですからね。ちなみに、プラットフォームの特徴として、ローカルビジネスに対してプラスになることが現実的には多いものです。Airbnbがどれだけ流行したとしても、最終的には自分の家で民泊を提供する人はもちろん、近所の見どころをサジェスチョンすることで観光地が盛り上がるといった、ローカルビジネスを助けるものにもなっているわけです。スマートレシートやifLinkといったプラットフォームがフリクションレスに何でも簡単につないであげることで、人はまた次に何かをやりたくなるのがデータビジネスの本質だったりします。

島田：Ｄｏ（実行）から始められるのも、やはりデジタルのおかげですよね。

尾原：実は僕、なにげに日本で一番ポテンシャルを感じてるのは、先ほどの工場設備の自動化です。ハードウエアＲＰＡ（ロボティック・プロセス・オートメーション）って実はものすごく生産性に寄与しますし、ハードウエアＲＰＡをパッケージ化するプレーヤーが必ず現れるはずだと見ています。

島田：あれもプラットフォーム化してみんなが勝手に作れるようにしようと思ってるんですよ。さて、そろそろ時間も迫ってまいりました。

入山：今日、冒頭で申し上げたように、これから我々日本企業も世界企業も、二回戦に入ります。二回戦はサイバーフィジカルの時代で、サイバーも大事だけどフィジカルを持っているのは製造業に強い日本企業。そして人間も重要になります。そうすると、実はおもてなしや現場でのサービス能力の高い日本にはすごいチャンスがあると思っています。

日本は素晴らしいアセットと技術と人材を持っているわけですから、これらをうまく解き放って世界で面白いビジネスができたらいいなと思っています。

尾原：入山先生がおっしゃったように、二回戦は本当に規模が大きい。今日のお話は、基本的に日本戦だけでなくて世界戦もできるという点が重要かと思います。コミュニケーションの場をいったん取ってしまえば、プレーヤーが力を持つためグローバルにも出て行けるんですね。今日出てきたスマートレシートの話もｉｆＬｉｎｋの話も、言語に依存しない話ですので外に行けるんです。クルマの開発の話も、ハードウエアＲＰＡの話も、ＢｔｏＢの領域はもっと言語依存性がなくなっていきます。そういう意味でもポテンシャルは高く、日本戦ではなく世界戦としてとらえて、今後どうしていくかということを考えることこそ大事だと思いました。

島田：皆さん、今日はどうもありがとうございました。

あとがき

尾原さんは、いつも突然やって来る。

その日、尾原さんは、尾原さんが開催しているオンラインサロンで対談をしないかと誘ってくれた。私が最近考えていることを、自由にしゃべってほしいというのである。そこで私は、スケールフリーネットワークの話をした。

スケールフリーネットワークは、特に新しい考えではない。現に早稲田大学ビジネススクールの入山章栄先生も、東京大学大学院の松尾豊先生も、既に良くご存知だった。私が話したことは、スケールフリーネットワークの考えと、インターネットの成功を結びつけたこと。そして、その次に起こるであろう、CPS（サイバーフィジカルシステム）スケールフリーネットワークへの移行を示したこと。さらにはその実行方法と、具体例を示したことである。

尾原さんは、「島田さん、これを本にして公表してはどうですか？」と言われた。

私はそれならば、尾原さんと一緒に書きませんか？　と、申し上げた。尾原さんこそが、スケールフリーネットワークを体現しているからである。

本編にも書いたが、スケールフリーネットワークとは、人の行動そのものなのである。それを距離と時間を超えてつなげるインターネットが、強烈に加速させている。しかしそれは不完全であり、ＣＰＳに拡張されることにより、さらに加速していくことになる。

スケールフリーネットワークが人そのものというのは、即ち人間の脳がそのようにできているということであり、ＡＩ（人工知能）の研究上、極めて重要なテーマになると考えている。松尾先生に無理をお願いして対談してもらったのは、その考えをぶつけたかったからである。

スケールフリーネットワークは、経済の基本になると考えている。経済を突きつめて考えると、人の幸せに至ると考えている。食料の生産、モノの生産、流通サービス、といったふうに分担されて経済は成り立っているが、結局は人の幸せのための行為であることには変わりがない。人と地球の明日のためなのである。ＢｔｏＢ

だけを考えていては、ビジネスは行き詰まると私は考える。そしてその考えを入山先生にぶつけたかったのである。

スケールフリーネットワークは、自社だけで行っても意味がない。プラットフォームですらない。スケールフリーネットワークを見ると、まるで小さな星雲がつながるようにして構成されていることが分かる。それは、様々な企業が持つネットワークもしくはプラットフォームが組み合わさることで、広がりを持つことができるのである。そのためにも、タニタの谷田千里社長に対談に参加してもらいたかったのである。

東芝の今後のビジネスの種明かしになってしまうのではないか？　と心配される人もいた。しかし、それではスケールフリーネットワークは出来ないのである。各社が持つプラットフォームが、人によって自由に成長していく形を作らなければ、インターネットで過去に起こったことを、理解したことにならない。即ち各社がバラバラに持つプラットフォームが、人によってつながっていくのである。

この本を読んだ人は、ぜひこの本質を理解していただき、私が今取り組もうとしていることに参加してもらいたい。そのこと自体が、参加する人のビジネスにそのまま直結していくことになると信じている。

最後に、この本のカバーを外してみてほしい。様々なハートがつながるスケールフリーネットワークがそこには描かれてある。無理なお願いにもかかわらず、夜遅くまで丁寧にその絵を描いてくれた、娘、島田美樹に感謝を込めて。

本書作成に尽力をいただいた、すべての方、特にライターの出雲井亨さんにお礼を申し上げます。

２０２０年12月　　島田太郎

島田 太郎

しまだ・たろう

東芝執行役上席常務・最高デジタル責任者。90年に新明和工業に入社し、航空機開発に携わる。PLM（製品ライフサイクル管理）を手がけるシーメンスPLM（当時SDRC）へ。同社の日本法人社長を経て、シーメンスのドイツ本社に勤務。その後、日本法人の専務としてインダストリー4.0を推進。東芝では、事業のデジタル化の責任者としてDXを推進している。

尾原和啓

おばら・かずひろ

フューチャリスト。京都大学大学院で人工知能を研究。マッキンゼー・アンド・カンパニーやNTTドコモ、グーグル、リクルート、楽天など数多くの企業で新規事業立ち上げを担う。現在はシンガポール、インドネシアのバリ島が拠点。著書は『ITビジネスの原理』『ザ・プラットフォーム』『アフターデジタル』『ディープテック』など多数。

写真クレジット

カバー　写真： jes2uphoto-stock.adobe.com　ドット柄：timur84-stock.adobe.com

p16　写真：gguy-stock.adobe.com
p21　写真右上：i am way-stock.adobe.com　写真右下：Aphotostudio-stock.adobe.com
写真左上：Chalabala-stock.adobe.com　写真左下：ka21-stock.adobe.com
p25　写真：Tim Brown-stock.adobe.com
p67　写真：engel.ac-stock.adobe.com
p123　写真：StreetVJ-stock.adobe.com
p136　写真：新関 雅士
p172　写真：山下 裕之
p194　写真：的野 弘路

スケールフリーネットワーク
ものづくり日本だからできるDX

発行日　2021年1月12日　第1版第1刷発行
2021年1月20日　第1版第2刷発行

著者　島田 太郎
尾原 和啓

発行者　伊藤 暢人
発行　日経BP
発売　日経BPマーケティング
〒105-8308
東京都港区虎ノ門4-3-12
https://business.nikkei.com/
編集　原 隆
編集協力　出雲井 亨
表紙イラスト　島田 美樹
装丁・レイアウト　中川 英祐(Tripleline)
作図　中澤 愛子(Tripleline)
校正　円水社
印刷・製本　大日本印刷株式会社

本書の無断複写・複製(コピー等)は著作権法上の例外を除き、禁じられています。

購入者以外の第三者による電子データ化及び電子書籍化は、私的使用を含め一切認められていません。

本書籍に関するお問い合わせ、ご連絡は下記にて承ります。

https://nkbp.jp/booksQA

©Tarou Shimada, Kazuhiro Obara 2021, Printed in Japan
ISBN 978-4-296-10771-1